Ismael Leandry-Vega

La civilización del consumismo

Editorial Espacio Creativo

North Charleston, SC

ISBN-13: 978-1491026649   ISBN-10: 1491026642

Publisher: *Editorial Espacio Creativo, North Charleston, SC.*

Derechos de propiedad: Ismael Leandry-Vega

Standard Copyright License – Copyright: © 2013 Ismael Leandry-Vega

Correo electrónico: *leandry2004@yahoo.com*

Datos para catalogación:

Ismael Leandry-Vega

La civilización del consumismo

Editorial Espacio Creativo. 2013. North Charleston, SC.

1. Consumismo
2. Consumo
3. Crisis económicas
4. Materialismo
5. Psicología de las masas

Tabla de contenido

Capítulo uno
Don dinero

Capítulo dos
En las garras del consumismo

Capítulo tres
El consumismo electrónico

Capítulo cuatro
El consumismo religioso

Capitulo cinco
El consumismo académico

Capítulo seis
Luchando en contra del consumismo

Capítulo siete
Frases y pensamientos

Ismael Leandry Vega

Agradecimiento

A todos esos fuleros que, en aras de ahorrarse un par de pesos, están dispuestos a pelear, amenazar y empujar a otros violentos consumistas durante las ventas del «viernes negro.» Por medio de sus actos, todas y todos podemos ver la enorme capacidad que tiene el consumismo para embrutecer a los seres humanos.

Ismael Leandry Vega

Dedicatoria

A todos los seres socialmente invisibles que, por culpa de todas esas empresas que únicamente buscan satisfacer las necesidades y codicias de los fuleros que han sido embrutecidos por el consumismo y/o por el materialismo, no tienen los alimentos ni los bienes necesarios para tener una calidad de vida adecuada.

Ismael Leandry Vega

Introducción

Lo primero que tengo que decir es que el consumismo es, en apretada síntesis, «un impulso compulsivo por comprar objetos que no se alcanzan a adquirir con los ingresos que se tiene.»[i] También se puede decir que el consumismo es una poderosa adicción que ocasiona que las personas crean que su felicidad e importancia social están ligadas: (1) a la posesión de muchos bienes; y/o (2) a la posesión de bienes lujosos y costosos.

Con eso en mente, debe saber que en este pequeño libro voy a discutir el asunto del consumismo. Y la mayoría de la discusión se centrará en lo que ocurre con el consumismo, al igual que con el materialismo, en los países *capitalistas y desarrollados*. Aunque también discutiré, ligeramente, los estragos que provocan los comportamientos consumistas y materialistas en los países hambrientos y pobres.

Cabe señalar que, son muchísimos los temas que voy a discutir sobre el consumismo. Ahora bien, uno de los temas que discutiré con gran profundidad es el que establece que el consumismo afecta, y en ocasiones de una manera bien severa, *los comportamientos y pensamientos* de las personas.

Así, por ejemplo, verá varias explicaciones que arrojan luz sobre las razones por las cuales los adictos al consumismo, que actualmente son millones, ligan su estado mental de felicidad y autorrealización a la compra de uno o varios bienes muebles y/o inmuebles.[ii]

A tono con lo anterior, valga saber que también verá algo bien curioso que ocurre dentro de la mente de los consumistas que piensan de las formas antes señaladas. Y como adelanto de ese asunto, le voy a decir que los consumistas más enfermos –*como todas esas personas que piensan que su felicidad y autorrealización están relacionadas con la compra de bienes lujosos e innecesarios*– se sienten insatisfechos luego de adquirir los mencionados bienes.

Pero ése no es el único asunto, concerniente al consumismo y a la psicología, que se discutirá en este libro. Digo eso ya que también verá que el consumismo ocasiona: (1) que sus víctimas desperdicien muchísimo tiempo y energía; (2) que las relaciones familiares de muchos consumistas se vean afectadas; y (3) que las calidades de vida de los consumistas terminen seriamente afectadas. Únase a que eso que también verá las razones por las cuales el consumismo provoca que *muchas de sus víctimas* terminen teniendo una poderosa sensación de inconformismo con lo que son.[iii]

Cabe señalar, además, que en este libro también podrá ver las razones por las cuales la acción de salir a comprar bienes y/o servicios innecesarios se ha convertido, particularmente para los que sufren de esa condición mental llamada consumismo, en un patológico método para «compensar y amortiguar las preocupaciones.»[iv]

Siguiendo con el asunto de los consumistas y la mente, cabe señalar que en el libro también verá que no es necesario salir a comprar bienes y/o servicios innecesarios para que una persona sea calificada como consumista. Es decir, verá las razones por las cuales una persona que tiene fuertes deseos de tener y poseer bienes innecesarios y/o costosos, a pesar de no tener el dinero para comprar los bienes deseados, también se le puede catalogar como consumista.

Por eso es que, por ejemplo, muchas de las personas pobres y consumistas que van a los centros comerciales a pasear y a ver los bienes muebles que están en las tiendas, se sienten patéticamente desgraciadas cuando saben que no pueden —*o no deben debido a sus compromisos*— comprar los bienes muebles que más desean.[v]

Por otro lado, todos sabemos que el maestro **Nicolás Maquiavelo** escribió, hace más de trescientos años, que los seres humanos son unos peligrosos animales que juzgan «más por los ojos que por la inteligencia, pues todos pueden ver pero pocos comprenden lo que ven.»[vi] Pues bien, valga saber que en este pequeño libro usted verá que lo manifestado por el maestro Maquiavelo está estrechamente relacionado con el consumismo.

Como adelanto de ese asunto, no está de más mencionar que el consumismo —*al igual que el materialismo*— ocasiona que los turbados consumistas evalúen y hagan juicios sobre las personas por lo que tienen, y no por la calidad de sus mentes ni por las hazañas intelectuales que hayan realizado.

Por otro lado, valga saber que en el libro también verá que la publicidad y los medios de comunicación se han convertido en los principales promotores de las conductas consumistas y materialistas. También verá que la publicidad y los medios de comunicación se han encargado de crear, en el cerebro de las personas, unas «pseudonecesidades» que llevan a las personas a gastar dinero de unas enfermizas maneras.[vii]

Como adelanto de ese interesante asunto le voy a decir que la publicidad que puede ver en los lugares públicos, al igual que la publicidad que puede ver y escuchar cuando sintoniza sus medios de comunicación favoritos, está tan técnica y científicamente diseñada que, por sorprendente que parezca, casi nadie «puede escapar a su impacto, con un efecto inmediato o diferido: deseos de comprar -*comprar el producto o servicio publicitado*- lo necesitemos o no.»[viii]

Por otro lado, todos conocemos esa famosa frase que dice que «por dinero baila el perro, y por pan, si se lo dan.»[ix] Pues bien, valga saber que en el libro también podrá ver que la posesión de dinero se ha convertido en la acción más importante para las personas. Y como adelanto de ese interesante tema, no está de más mencionar que las personas se sienten muy mal cuando ven que pierden dinero. De hecho, esa sensación es tan catastrófica para la inmensa mayoría de los seres humanos que están mentalmente saludables que, es correcto decir que –en esas personas– «nada se clava más hondo que la pérdida de dinero.»[x]

En conexión con lo dicho, es de saber que también verá algunas de las razones por las cuales hay una poderosa correlación entre dinero y felicidad. Y como adelanto de ese interesante tema, le tengo que decir que varios estudios han certificado que la «felicidad crece a medida que los ingresos» de las personas aumentan.[xi]

Siguiendo con el asunto del dinero, es de saber que nosotros —*al igual que otros pensadores*— tenemos una pésima opinión sobre los seres humanos. Por eso es que, al leer este libro, usted notará que los seres humanos no son más que unos violentos e insignificantes mamíferos que, como regla general, son «ingratos, volubles, hipócritas y (...) codiciosos.»[xii]

Sin contar que también hay abundante evidencia que demuestra, para consternación de los ricos que se pasan brindando consejos sobre felicidad y amor, que «el ser humano es un malvado depredador, cuya necedad lo torna incapaz de seguir la luz de la razón, que podría aportarle alguna mejoría.»[xiii]

Debe haber notado que dije que el ser humano es violento. Pues bien, si usted cree que eso es incorrecto le recuerdo que la historia del ser humano «es una historia de violencia, llámese [...]

guerra, crímenes, pasiones, asesinatos o cualquier clase de aniquilamiento y destrucción.»[xiv]

¿Y qué tiene que ver eso con dinero, materialismo y consumismo? Pues bien, las ingratitudes, hipocresías, codicias y maldades humanas han causado que muchísimos déspotas utilicen la necesidad que tienen los seres humanos de obtener dinero para, tristemente, crear peligrosas trampas sociales.

Como adelanto de lo acabado de apuntar, le voy a recordar que por ahí hay muchísimos esclavistas sexuales que, engañosamente, utilizan algunos medios de comunicación para ofrecerles trabajos –particularmente a las mujeres que están necesitadas de dinero– a las personas. Muchos de esos engaños, se basan en que los esclavistas pautan anuncios engañosos en donde dicen que buscan muchachas para realizar *trabajos domésticos.* Mientras que otros trúhanes, pautan anuncios engañosos en donde dicen que se buscan mujeres para trabajar como meseras.

Todo eso provoca que las mujeres que están necesitadas de dinero «se deslumbren ante lo que les ofrecen los tratantes, sin saber que se están jugando la vida» al acudir a las supuestas entrevistas.[xv] Y menciono que no saben que se están jugando la vida ya que, una vez llegan a las *supuestas entrevistas,* dichas mujeres son amenazadas, secuestradas y, posteriormente, abusadas y convertidas en esclavas sexuales. Inclusive, algunas de ellas son sacadas de los países en donde viven con el fin de convertirlas, bajo amenazas de muerte, en esclavas sexuales en otros países.

Debo advertir, por otro lado, que usted notará que me paso citando escritores, pensadores y filósofos del pasado y del presente. Pues bien, sepa que entiendo que eso es una acción necesaria e importante. *¿Sabe por qué?* Porque por medio de las palabras de las mencionadas personas se puede obtener un mar de sabiduría, particularmente, relacionado con dinero, consumismo, materialismo, egoísmo, entre otras características humanas.

Como muestra de las ilustradas palabras que han manifestado escritores y filósofos sobre el diabólico consumismo, puedo mencionar las sabias palabras que fueron escritas por el **Dr. Arthur Schopenhauer**. Digo eso ya que ese afamado filósofo, que es uno de los filósofos más importantes de toda la historia, escribió que «para que un número exiguo de personas pueda tener lo inútil, lo superfluo (...) y satisfacer así urgencias artificiales, deben gastarse a tal fin una formidable parte de las energías humanas, *hurtadas a la producción de lo que es necesario e indispensable.*»[xvi]

Cabe mencionar, por último, que en el último capítulo de este libro usted podrá observar que he brindado un sinnúmero de recomendaciones para intentar que algunos miembros de las futuras generaciones, que heredarán un planeta hecho toda una mierda: (1) no terminen convertidos en adictos al consumo; ni (2) terminen *seriamente embrutecidos* por culpa del consumismo.

Ahora bien, debo señalar que de todas las recomendaciones que he brindado la más importante es una que va dirigida a usted. *¡Sí, a usted!* Y dicha recomendación establece que tienes la obligación de dejar de «vivir obsesionado con las cosas materiales. Más bien, vive obsesionado con aprender, crear, participar y compartir ideas.»[xvii]

Capítulo uno
Don dinero

I. Importancia del dinero

Decía **Aphra Behn**, una afamada escritora británica, que «el dinero habla un lenguaje *que entienden todas las naciones.*»[xviii] Y eso, particularmente en estos contaminados tiempos de la modernidad, sigue siendo cierto. Digo eso ya que si se analiza, con mucho cuidado, lo que ha estado ocurriendo alrededor del mundo veremos: (1) que el deseo de tener mucho dinero se ha convertido en un deseo *cuasi* universal; y (2) que el dinero se ha convertido en un medio para poder sobrevivir.

De hecho, si usted analiza el estilo de vida de muchas de las personas que viven en los *países industrializados, capitalistas, consumistas y severamente espiados por las agencias de inteligencia* verá, en lo pertinente, que el dinero hace falta para poder obtener transportación, medicinas, vivienda, vestimenta, comida y educación básica.

Pero el dinero no sólo es indispensable para obtener *bienes y servicios básicos* en los mencionados países. Si nos movemos a los países fastidiados y pobres, como Haití, también veremos que el dinero es indispensable para poder conseguir bienes y servicios que son esenciales para la vida. Por eso se puede decir, sin llegar a la exageración, que en los países más empobrecidos y fastidiados el dinero se ha convertido en una garantía de vida.

Y como la cosa es así, tan clara, es razonable llegar a la siguiente conclusión: no tener dinero para cubrir *las necesidades básicas* es, en estos encarecidos tiempos de la modernidad, una gran «fuente de dolor.»[xix]

Debo mencionar que, lo que he estado discutiendo me ha hecho recordar un estudio que fue realizado por investigadores de la **Universidad de Princeton** (universidad que está ubicada en EUA). Según los hallazgos de dicha investigación, que fueron dados a conocer en 2010, muchas personas de bajos ingresos, que regularmente tienen serias dificultades para poder costear bienes y servicios catalogados como básicos y necesarios: (1) son realistas y pesimistas; y (2) tienen «un bajo bienestar emocional.»[xx]

Otro estudio que me viene a la mente fue realizado por investigadores del prestigioso *Instituto Tecnológico de Massachusetts*, ubicado en los Estados Unidos de América. Según los hallazgos de dicha investigación, que también fueron dados a conocer en 2010, cuando una persona gana mucho dinero siente sensaciones de complacencia –casi siempre cuando tiene en sus manos sus jugosos cheques– muy parecidas a las que brindan: (1) las relaciones sexuales; y (2) algunas drogas callejeras.[xxi]

Ahora bien, es necesario mencionar que el dinero es más importante de lo he estado diciendo.

Ismael Leandry Vega

Digo eso ya que el dinero, además de lo anterior, también es necesario: (1) para obtener bienes de calidad; (2) para recibir servicios de calidad; y (3) para tener una calidad de vida adecuada.

Por eso es que una persona que, además de rechazar los comportamientos consumistas y materialistas, tiene dinero suficiente: (a) puede desarrollar su intelecto a un nivel superior; (b) puede consumir alimentos nutritivos; (c) puede comprar suplementos vitamínicos adecuados; y (d) puede vivir en un lugar en donde se respire paz y camaradería.

Sobre esto último, sobre el punto (d), cabe señalar que si una persona tiene poco dinero es probable que tenga que vivir en una estructura que esté ubicada dentro de un vecindario peligroso y enfermo, es decir, en un vecindario en donde las drogas, la prostitución, los tiroteos entre los narcos y las intervenciones policiales estén a la orden del día. Sin embargo, la persona que tenga bastante dinero puede vivir dentro de un vecindario saludable y pacífico.

Otro buen ejemplo se relaciona con la educación. Sobre eso, es harto conocido que si una persona tiene dinero para cubrir únicamente sus necesidades básicas, es altamente probable que solamente pueda cursar estudios básicos. Sin embargo, las personas que tienen más dinero –*por los menos lo necesario para poder realizar ahorros significativos*– tienen altas posibilidades: (a) de cursar estudios universitarios; y (b) de desarrollar sus intelectos de una manera superior.

Cabe señalar, además, que tener dinero suficiente para costear necesidades básicas y para obtener bienes y servicios de calidad también puede brindar, si se gana lo suficiente, lo más importante en la vida. *¿Y qué es lo más importante en la vida?* El tiempo. Digo eso, en primer lugar, ya que está demostrado que «la pérdida de tiempo es el mayor de los derroches.»[xxii] También digo lo anterior ya que si no se tiene que invertir la mayor parte del tiempo en trabajo, las personas pueden aprovechar sus tiempos libres en las actividades que más les agraden.

En fin, todo parece indicar que el maestro **Aristóteles** tenía toda la razón cuando manifestó que tener dinero es una garantía de que, en muchas ocasiones, se podrá obtener lo que se anhele.[xxiii]

Llegados a este punto de la discusión, es momento de lanzar la siguiente pregunta: *¿qué he querido demostrarle?* He querido demostrarle que el dinero, a diferencia de lo que dicen muchos imbéciles: (1) sí es necesario; y (2) sí brinda algo de felicidad. De hecho, si analizamos esto con más profundidad intelectual veremos que el dinero puede brindarle algo de paz emocional: (a) a los minusválidos; y (b) a los ancianos.

Por eso hay que estar de acuerdo con **Jacinto Benavente**, un afamado dramaturgo español, cuando escribió que «eso de que el dinero no da la felicidad son voces que hacen correr los ricos para que no los envidien demasiado los pobres.»[xxiv]

Y Benavente tenía toda la razón ya que la ciencia ha demostrado —*en varias ocasiones*— que el dinero, hasta cierto punto, «sí puede comprar la felicidad.» Sobre eso, basta con recordar que investigadores de la **Universidad de Princeton** han manifestado, luego de realizar un peculiar estudio, que la felicidad de las personas —*al igual que las opiniones positivas en torno a la vida*— tiende a aumentar a medida que aumentan sus ingresos.[xxv]

Cónsono con lo anterior, es necesario mencionar que investigadores de varios países se unieron para realizar un abarcador estudio que tenía la intención de medir qué grado de felicidad le brinda el dinero a las personas. Los resultados de dicho importantísimo estudio, que fueron dados a conocer en 2010 por la organización **Gallup**, fueron sorprendentes. Digo eso ya que, según dichos hallazgos:

(1) el dinero sí le proporciona *felicidad y paz emocional* a muchísimos seres humanos; y

(2) cuando un ser humano promedio tiene el dinero suficiente para satisfacer sus necesidades básicas, al igual que el dinero para poder comprar algunas de las porquerías que estén de moda gracias al consumismo, siente que está conforme con su insignificante vida.[xxvi]

Ahora bien, dicho estudio también demostró otro asunto sumamente interesante, a saber, que los niveles de felicidad y de conformidad con la vida aumentan si las personas que tienen dinero: (1) sienten que son respetadas por los miembros de sus respectivas comunidades; y (2) sienten que son apreciadas por sus seres queridos.[xxvii]

Por otro lado, es de notar que escribí líneas arriba que tener dinero puede brindarle cierto grado de paz emocional al ser humano. Pues bien, lo contrario puede ocasionar serios desasosiegos. Inclusive, la falta de dinero puede ocasionar que una persona se torne ansiosa, irritable, depresiva, suicida, malhumorada y/o agresiva. Por eso es correcto decir que, como regla general, una persona que no tiene dinero para tener un estilo de vida adecuado se siente infeliz, desdichada y fracasada.

Esto que acabo de mencionar me ha hecho recordar un lamentable caso que ocurrió en España. Allí, en 2010, un endeudado caballero –de unos sesenta años de edad– se armó con un rifle de asalto y, sin mediar palabras, *mató a cuatro personas* (incluyendo a su jefe). Sobre las causas de dicha matanza, se sabe que el asesino se sentía agobiado por los problemas económicos que tenía. De hecho, los problemas económicos que tenía el asesino eran tan fuertes que, tristemente, le impedían satisfacer sus necesidades básicas.[xxviii]

Otro caso que me viene a la mente proviene desde la *República Dominicana*. Allí, en 2010, un hombre de unos cuarenta y cinco años de edad se ahorcó dentro de los predios de su propiedad. Según los investigadores del caso, el hombre tomó la decisión de suicidarse por razón de que tenía unos serios «problemas económicos» que no le permitían: (1) satisfacer sus propias necesidades básicas; ni (2) satisfacer algunas de las necesidades básicas de sus familiares cercanos.[xxix]

Por último, otra data que demuestra los daños emocionales que ocasiona la falta de dinero proviene *desde Francia*. Allí, en 2006, investigadores del **École Normale Supérieure** publicaron los hallazgos de una interesantísima investigación. Dichos hallazgos, que fueron bien sorprendentes, demostraron: (1) que los problemas económicos afectan a los pobres de una manera más significativa que a los ricos que viven en los países desarrollados; y (2) que «los pobres se suicidan más que los ricos en los países desarrollados ya que están más expuestos al paro, a la precariedad laboral y a la soledad.»[xxx]

II. Codicia

A. Acciones negativas

Vimos antes que un ser humano «sin dinero es como un arco sin flecha.»[xxxi] Por eso es normal que la inmensa mayoría de los seres humanos le otorguen gran importancia al asunto del dinero. Inclusive, tampoco es extraño ni malvado que los seres humanos dirijan gran parte de sus pensamientos y acciones hacia la búsqueda de dinero. Tampoco es extraño, ni mucho menos malvado, que las personas utilicen distintas vías legales para tratar de aumentar sus ingresos. Máximamente cuando se sabe que «tener mayores ingresos ayuda a una positiva evaluación de la vida.»[xxxii]

Ahora bien, lo que es inadecuado y peligroso es que los seres humanos sean codiciosos. ¿Sabe por qué? Porque cuando una persona es codiciosa aumentan las probabilidades de que ejecute acciones ilegales, antiéticas y/o cuestionables. De hecho, la experiencia enseña que la inmensa mayoría de las personas que piensan «que el dinero lo hace todo, terminan haciendo todo por dinero.»[xxxiii]

Y entre las acciones negativas que están dispuestos a ejecutar los codiciosos se encuentran las siguientes: (1) asesinar; (2) defraudar; (3) vender substancias controladas; (4) convertirse en adictos al trabajo; (5) engañar; (6) apropiarse ilegalmente de bienes muebles; y (7) vender influencias.

Un buen ejemplo que demuestra hasta dónde pueden llegar las personas que tienen un patológico amor por el dinero, se relaciona con las herencias. Sobre eso, pregunto lo siguiente: ¿cuántas veces no hemos visto a familiares peleándose o matándose por una herencia? Es indudable que, en muchísimas ocasiones, hemos visto casos como esos.

Y uno de esos casos, que nos llega a la mente en este momento, proviene desde Honduras. Allí, en 2010, un caballero mató a su hermano por un conflicto relacionado con una herencia. Al analizar los hechos de ese lamentable caso, es obvio que «la codicia por el dinero» opacó, de una manera bien significativa, el amor que el asesino debía sentir por su hermano.[xxxiv]

Antes de cerrar esta sección tengo que decir que el caso plasmado, al igual que todos esos incidentes desgraciados en donde se ha utilizado la violencia con el fin de obtener bienes muebles y/o bienes inmuebles, demuestran que **Francis Scott Fitzgerald** –un afamado escritor estadounidense– estaba en lo correcto cuando dijo que «el dinero ha aniquilado más almas que el hierro cuerpos.»[xxxv]

B. Alteraciones mentales

Por otro lado, algo curioso que debo mencionar sobre el dinero es que tiene un enorme potencial de alterar la mente y el estado de ánimo de las personas. Así, por ejemplo, se sabe que el dinero tiene la capacidad de hacerle creer a una persona interesada y consumista: (a) que lo feo es lindo; (b) que lo torpe es inteligente; y (c) que lo viejo es joven. Por eso creo que **Nicolás Boileau**, un afamado poeta francés, estaba en lo correcto cuando manifestó que «el dinero presta una apariencia de belleza incluso a la fealdad.»[xxxvi]

¿Sabe en dónde usted puede observar lo antes dicho en plena acción? En muchísimas de las relaciones de pareja en donde se puede ver que una mujer bonita, pobre y *sexualmente atractiva:* (a) se junta interesada y sexualmente con hombre feo y rico; o (b) se junta interesada y sexualmente con un hombre viejo, enfermo, feo y rico. Es indudable que en esos casos, con rarísimas excepciones, las interesadas, astutas y materialistas mujeres ven a sus feas y ricas parejas –a pesar de que a todas luces son feos– como hombres bellos y sexualmente atractivos.

Por otro lado, no se puede pasar por alto que el dinero ejerce tanta influencia sobre la mente humana que, tristemente, la inmensa mayoría de los seres humanos prefieren perder a un buen amigo o a un querido familiar antes que perder sus fortunas. Inclusive, el amor por el dinero afecta tanto la mente de los seres humanos que, a través de la historia, han sido millones los casos en donde las personas han preferido fastidiar a un buen amigo o a un familiar cercano antes que entregarles partes de sus patrimonios.

Cabe señalar, además, que el dinero ejerce tanta influencia negativa sobre la mente humana que, tristemente, para la inmensa mayoría de las personas es más fácil superar la muerte de un familiar o de un buen amigo que superar la pérdida de sus patrimonios.

De hecho, si hacemos una comparación entre las personas que pierden a un buen amigo o a un familiar cercano con las personas que pierden sus bienes, veremos que las segundas tienen más probabilidades: (1) de cometer actos suicidas; y (2) de sufrir de depresiones severas.[xxxvii] Por eso estoy de acuerdo con **Juvenal,** un afamado poeta romano, cuando manifestó que «el dinero se llora con un pesar más profundo que a los amigos o a los parientes.»[xxxviii]

No se puede olvidar, además, que las personas que han perdido sus patrimonios, particularmente las que tenían bastante dinero, se sienten horribles por perder sus patrimonios. De hecho, esas personas también tienen altísimas probabilidades: (1) de terminar sufriendo de *depresiones mayores*; y (2) de cometer actos suicidas.

Esto que acabo de mencionar me ha hecho recordar la tormenta social y mental que ocasionó el caso del empresario y financista estadounidense Bernard Madoff. Como todos sabemos, Madoff fue arrestado —*en 2008*— puesto que realizó «un desfalco de US$50.000 millones, la mayor estafa financiera de la historia en todo el mundo.»[xxxix]

Es importante tener en cuenta que el millonario desfalco de Madoff afectó a tantas personas que se estima, conservadoramente, que cerca de tres millones de pendejos fueron víctimas.

Tampoco se puede pasar por alto que muchas de las víctimas de Madoff perdieron muchísimo dinero, al punto de que: (1) algunas de ellas perdieron millones dólares; y (2) muchas de ellas perdieron los ahorros que habían destinado para la asquerosa vejez.

Pues bien, valga saber que muchas de las víctimas de Madoff se sintieron tan desesperadas y horribles al ver cómo sus patrimonios se iban a la mierda que, terminaron sufriendo de *depresiones severas*. Mientras algunas de ellas terminaron, lamentablemente, suicidándose.

Un lamentable ejemplo sobre eso proviene desde Francia. Allí había rico aristócrata, llamado Rene-Thierry Magon de la Villehuchet, que, estúpidamente, le había entregado a Madoff cerca de un billón de dólares con el fin de que los invirtiera. Sin embargo, lo que no sabía el pendejo inversionista era que Madoff tenía la intención de embolsicarse ese dinero. De hecho, cuando el pendejo inversionista vio que Madoff no tenía la intención de devolverle su dinero y que había perdido gran parte de su patrimonio cayó en una severa depresión. Dicha depresión fue tan severa que, en 2008, *Rene-Thierry Magon de la Villehuchet* tomó la valiente decisión de suicidarse.[xl]

Otro ejemplo parecido al anterior proviene desde el Reino Unido. Allí, en 2009, un anciano llamado William Foxton tomó la valiente decisión de quitarse la vida. Cabe señalar que, cuando las autoridades llegaron a la triste escena encontraron una carta de suicidio, y en ella el anciano mencionó que se quitó la vida: (a) ya que había perdido mucho dinero por medio del desfalco de Madoff; (b) ya que tenía que declarase en quiebra; y (c) por razón de que se sentía horrible, avergonzado y denigrado.[xli]

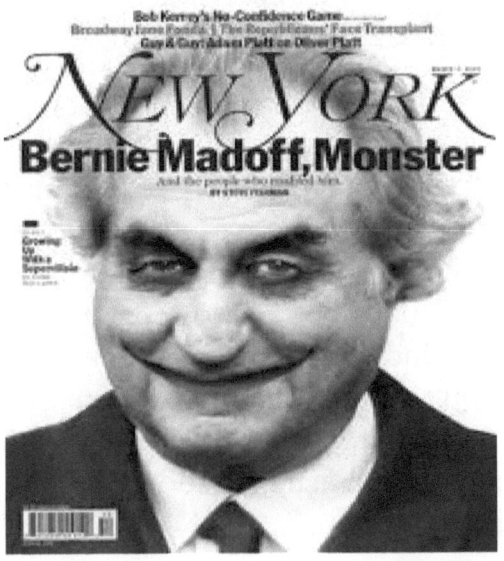

Como se puede ver, en estos dos casos las personas que se quitaron la vida por perder gran parte de sus patrimonios eran personas ancianas. Por consiguiente, es razonable pensar: (1) que sus progenitores habían muerto; y (2) que habían visto, leído y/o escuchado que muchos de sus amigos y conocidos habían muerto antes que ellos. También es lógico pensar que los valientes suicidados, pudieron superar las angustias que les causaron las muertes de las mencionadas personas. Pero lo que no pudieron superar fue *la pérdida de sus patrimonios.*

¿Qué demuestra todo lo que he discutido? Que el maestro **Nicolás Maquiavelo**, un afamado político y escritor italiano, estaba en lo correcto cuando manifestó que una persona «puede llevar con resignación la pérdida de su padre, pero la pérdida de su patrimonio puede reducirle a la desesperación.»[xlii]

Por otro lado, debemos recordar aquí que **Nicolás Boileau** —un afamado poeta francés— manifestó que «la pobreza (...) todo lo vuelve horrible.»[xliii] Y lo que dijo Boileau, indudablemente, se ha convertido en estos tiempos de la modernidad en una creencia popular muy arraigada. De hecho, si vamos a los países capitalistas, consumistas, industrializados y dominados por una poderosa élite comercial y militar, veremos que *gran cantidad de personas*, particularmente personas que tienen menos de cincuenta años de edad, piensan de la indicada manera.

Lo más triste de esa creencia popular es que, ha ocasionado que la inmensa mayoría de las personas que viven en los mencionados países utilicen criterios económicos: (a) a la hora de seleccionar a sus parejas consensúales y a sus amigos; (b) a la hora de determinar la importancia social de una persona; y (c) a la hora de establecer *grados de respetabilidad social.* Inclusive, pensamientos como los mencionados también son tenidos por los familiares de muchísimas personas a la hora de aprobar o rechazar a sus parejas y/o a sus amigos.

Por eso no es extraño ver que la mayoría de las mujeres trabajadoras, en especial las que viven en países consumistas, industrializados y severamente controlados por una poderosa élite empresarial y militar (y eso incluye a las agencias de inteligencia), no desean establecer relaciones amorosas, estables y prolongadas con hombres que ganen menos billetes que ellas. Y eso tiende a ocurrir aunque los mencionados hombres: (a) sean guapos; y (b) sean diestros a la hora de follar.[xliv]

Ahora bien, si profundizamos un poco más dentro del asunto de las *alteraciones mentales que provocan los pensamientos materialistas y consumistas* nos daremos cuenta de que el ser humano promedio, por lo regular, tiende a ver a una persona rica y poderosa como una persona guapa, atractiva e inteligente. Inclusive, eso llega al punto de que la mayoría de las personas —la mayoría de ellas mujeres— que se envuelven amorosamente con personas adineradas se sienten seguras y protegidas al estar con sus ricas parejas.[xlv]

Lo acabado de mencionar me ha hecho recordar un estudio que realizaron investigadores de la **Universidad de Gales**, ubicada en el Reino Unido. Según los hallazgos de dicha investigación, que fueron dados a conocer en 2009, la mayoría de las mujeres heterosexuales sienten una fuerte atracción sexual hacia los hombres que tienen: (1) buenas profesiones; (2) lujosos y costosos bienes materiales; y (3) seguridad económica.[xlvi]

En conexión con lo dicho, debo advertir que la información que brindaré ahora: (1) es impactante; y (2) demuestra hasta dónde puede llegar el amor por el dinero. ¿Sabe con qué se relaciona lo que voy a mencionar? Se relaciona con los orgasmos femeninos. *Me explico.*

Es muy bien conocido por todas y todos que un orgasmo, además de ser «el clímax del placer sexual», es una de las mejores sensaciones que uno puede experimentar. Digo eso ya que, «aparte de las reacciones corporales, el orgasmo se hace notar por una sensación de delirio que casi siempre es sentida como placentera.»[xlvii]

Pues bien, valga saber que el tema de los orgasmos femeninos tiene la capacidad de corroborar lo que siempre se ha sospechado, a saber, que la mayoría de las mujeres maduras y sexualmente activas que viven en países consumistas, industrializados y controlados por una poderosa élite compuesta por capitalistas, funcionarios de inteligencia y dueños de medios de comunicación, son más interesadas que los hombres —*económicamente hablando*— a la hora de escoger a sus parejas.

¿Sabe por qué digo eso? Por motivo de que un estudio realizado por investigadores de la **Universidad de Newcastle**, ubicada en el Reino Unido, demostró que las mujeres con vastas experiencias sexuales *«tienen más y mejores orgasmos* con hombres que tienen un estatus económico mayor, [...] ya que las mujeres buscan elegir a sus parejas en relación con la calidad de vida que pueden darles a ellas y a sus hijos.»[xlviii]

C. Buen uso del dinero

Vimos antes que «el mejor cimiento y zanja del mundo es el dinero.»[xlix] Por eso no tiene nada de malo ahorrar y evitar el despilfarro en aras de tener dinero. Tampoco tiene nada de malo: (1) educarse para poder realizar un trabajo que pague muy bien; (2) trabajar duro y responsablemente; y (3) hacer gestiones legales con el fin de tener mucho dinero durante la vejez.

De hecho, tampoco es mala idea tener una filosofía de vida como la que fue señalada por el **Dr. Fernando Savater.** Digo eso ya que ese afamado filósofo, que nació en España, ha mencionado que toda persona debe tener una vida —o soñar con tener una vida— en donde se tenga «mucho dinero para vivir (...) como los pobres.»[l]

Ahora bien, lo que sí está mal es amar tanto el dinero que uno termine olvidándose de las cosas más importantes que tiene la vida, entre ellas: (1) educarse; (2) aprovechar el tiempo; (3) crear obras válidas; y (4) ayudar a los familiares sin que tales ayudas afecten el bolsillo propio. También es una soberana estupidez eso de vivir la vida de una forma en donde lo más importante sea comprar bienes y servicios innecesarios. Es decir, no se puede vivir una vida consumista.

Y no se puede vivir una *vida consumista* ya que ese tipo de vida es superficial e intelectualmente mediocre. Además, es incuestionable que vivir una vida consumista hace que uno se convierta en un esclavo de las grandes empresas comerciales. Sin contar que la vida consumista tiende a provocar, mayormente en las personas que pertenecen a las clases trabajadoras y humildes, *enormes e insoportables presiones emocionales y físicas.*

Digo eso ya que esa enfermiza conducta de estar gastando el dinero en costosas porquerías, al igual que estar endeudándose en aras de comprar porquerías innecesarias, siempre tiende a explotar en algún momento de la vida. Es decir, siempre llegará el momento en que las deudas adquiridas mediante *comportamientos consumistas y materialistas* terminen fastidiando: (1) las finanzas personales; y (2) la salud mental.

De hecho, jamás se debe olvidar que el perverso consumismo, que ocasiona que los grandes empresarios se hagan cada día más ricos y que los pobres se hagan más pobres mientras visten de diseñador, puede ocasionar: (1) que una persona se sienta presionada; (2) que los consumistas y materialistas adquieran enormes deudas; y (3) que las personas –debido a las presiones y a las deudas– se suiciden. Por eso es que, además de vivir humildemente, estoy de acuerdo con **José de San Martín** –un afamado político argentino– cuando menciona que todo ser humano «debe saber vivir con el dinero que tiene.»[li]

Por último, no puedo cerrar este capítulo sin decir que ninguna persona debe desear tener mucho dinero para estar comprando unas innecesarias porquerías que, entiéndalo muy bien, se quedan dentro del planeta una vez se entra en el valle de la muerte. La persona que desee lo anterior es, como he dicho en múltiples ocasiones, un imbécil de primera categoría. *Me explico.*

Las personas que, además de ser materialistas y consumistas, piensan que el dinero es lo más importante en la vida: (1) les transmiten a sus hijos las imbecilidades del consumismo; (2) suelen pensar que el valor de una persona se mide —solamente— por la cantidad de dinero que tenga; y (3) suelen pensar que tener porquerías lujosas es un asunto que le añade valor a una persona que defeca.

Es indudable que todo eso, específicamente lo dicho en los puntos dos y tres, son unas tolondras creencias. ¿Sabe por qué? Porque muchos talentosos pensadores, entre ellos filósofos y metafísicos, han demostrado que tener muchos bienes materiales, o tener mucho dinero, «no le añade valor a la persona.»[lii]

Ismael Leandry Vega

Capítulo dos
En las garras del consumismo

I. Consumo

Vimos antes: (1) que saber que se tiene el dinero suficiente para satisfacer las necesidades básicas le brinda al ser humano cierto grado de felicidad; y (2) que no tener el dinero suficiente para poder tener un estilo de vida adecuado y libre de presiones económicas causa, en la mayoría de las personas, una poderosa sensación de «desdicha.»[liii]

Pues bien, lo antes mencionado no es nada extraño. Es normal que una persona piense y sienta lo antes mencionado ya que su cerebro está naturalmente programado: (a) para realizar acciones que le permitan tener un consumo que satisfaga sus necesidades básicas; y (b) para sentir bienestar mental al ver que puede satisfacer sus necesidades básicas.

Y como eso es así se puede llegar a la conclusión de que los seres humanos somos animales de consumo, es decir, la naturaleza nos ha creado con un poderoso cerebro que, a toda costa: (1) busca consumir todo lo que sea necesario para mantener la vida; y (2) busca protegerse y alejarse de todas aquellas amenazas naturales y humanas que puedan causarle la muerte o serios daños.

Ahora bien, el gran problema con lo antes mencionado es que, en los últimos siglos, esa necesidad natural de consumir lo necesario para vivir adecuadamente se ha metamorfoseado. Y esa metamorfosis, que en gran medida ha estado enormemente influenciada por los medios de comunicación y la envidia, nos ha llevado: (1) a convertirnos en unos patéticos y cabrones consumistas; (2) a destruir el medio ambiente con el fin de satisfacer las necesidades consumistas; y (3) a tener unos *patéticos pensamientos* que nos dicen, una y otra vez, que si tenemos *porquerías costosas y mierdas lujosas* «se nos valorará más en la sociedad.»[liv]

Dicho eso, es importante hacer notar que manifestamos antes que, peligrosamente, el ser humano aprende a ser consumista y materialista. Eso significa que el ser humano —en especial si no ha sido embrutecido por los mensajes consumistas, religiosos, empáticos y materialistas— está naturalmente programado: (1) para hacer gestiones con el fin de satisfacer sus necesidades básicas; (2) para rechazar todo lo que afecte su voluntad; y (3) para rechazar todo lo que le cause dolor y angustia.

Pues bien, de ahí nace la idea de que el ser humano de la modernidad, en especial el que vive en países en donde el dinero se ha convertido en la única forma para poder obtener comida, vestido, educación, paz emocional y cierto grado de respetabilidad social: (1) siente gran angustia al perder su dinero y sus bienes; y (2) le preocupa no tener el dinero —*ya sea por causa de enfermedad o por causa de una crisis económica*– para satisfacer sus necesidades.[lv]

Ahora bien, me imagino que algunos se podrán preguntar de dónde carajos sacamos esa conclusión, si todo a nuestro alrededor demuestra que los seres humanos somos derrochadores. Pues bien, dije lo anterior por razón de que la ciencia, *que es más importante que la embrutecedora religión,* ha demostrado que la evolución ocasionó que exista dentro de nuestros cerebros una programación natural que ordena, en lo pertinente, que debemos ser altamente cautelosos «ante la posibilidad de perder alimentos o posesiones valiosas.»[lvi]

De hecho, esa programación natural –según investigadores del *Instituto Tecnológico de California* y del *Colegio Universitario de Londres*– se encuentra en el cerebro, específicamente en la amígdala. Y dicha programación natural es tan poderosa que, increíblemente, cuando una persona mentalmente equilibrada piensa en gastar o regalar sus bienes, incluyendo su dinero, la amígdala se activa y provoca una sensación de precaución y miedo.[lvii]

Ahora bien, en estos tiempos de la modernidad los capitalistas han aprendido a neutralizar esa programación natural. Y con ello han logrado: (1) que muchísimas personas gasten sus billetes de formas irresponsables; y (2) que muchas personas que pertenecen a las clases sociales explotadas y pobres, hayan adoptado conductas consumistas y materialistas.

Cabe señalar que las técnicas que se utilizan para provocar la mencionada neutralización, que están presentes en la publicidad, han sido creadas por unos expertos en conducta humana que han concentrado sus investigaciones en asuntos relacionados con la manipulación y el control de las masas.

Nótese que indiqué que se utiliza *la publicidad* para lograr la mencionada neutralización. Pues bien, cabe mencionar que la publicidad que es creada por los expertos que están al servicio de los capitalistas es tan influyente y poderosa que casi nadie puede escapar de sus garras. De hecho, si usted mira a su alrededor notará que la maldita publicidad le «incita al consumo de distintas formas. Apelando a su sentido de la necesidad absurda (...), o haciéndote ver que serías mejor persona si tuvieras el último modelo de cualquier objeto sobre la faz de la Tierra.»[lviii]

Esto que acabo de discutir me ha hecho pensar en todos esos anuncios de televisión que, por ejemplo, promocionan la compra de productos de belleza femenina. Y pienso en esos anuncios ya que la mayoría de ellos, en especial los que están relacionados con empresas millonarias, fueron cuidadosamente creados por expertos que tienen conocimientos sobre la manipulación de la mente humana.

Digo eso ya que se ha demostrado que esos anuncios, que siempre presentan modelos con cuerpos y/o rostros bellísimos, están hechos para atacar de una manera bien fuerte la autoestima de las mujeres que ven tales anuncios. La intención de esos anuncios es: (1) atacar la autoestima de las mujeres, de manera que terminen pensando que sus rostros y/o cuerpos son feísimos; y (2) llevar a las mujeres, especialmente a las que tienen una baja autoestima, a gastar significantes cantidades de dinero en embarres de belleza exterior.[lix]

Como se puede ver, los anuncios televisivos que promocionan productos de belleza logran que muchísimas mujeres, especialmente las que tienen una baja autoestima, se alejen de esa programación natural y cerebral que busca evitar el derroche de bienes. Es decir, esos anuncios logran llevar a las mujeres que tienen una baja autoestima a tener una urgente sensación de consumo

II. Consumismo

A. ¿Qué es el consumismo?

Vimos antes que los seres humanos somos: (1) insignificantes; y (2) consumidores. También vimos que los seres humanos, en especial los que viven en el primer mundo, se han convertido en unos perturbados consumistas que se han olvidado de un asunto llamado consumo responsable. Sobre eso, cabe señalar que un «*consumo responsable* es aquel en el que la persona está consciente de lo que necesita adquirir.»[lx]

Pero esto del consumo responsable es más profundo. *¿Sabe por qué?* Porque el consumidor responsable sabe que no puede dejarse llevar por las tendencias consumistas ya que: (1) sabe que el consumismo provoca contaminación ambiental; (2) sabe que el consumismo –*al igual que el materialismo*– provoca destrucción y eliminación de recursos naturales; y (3) sabe que el despilfarro de los recursos naturales provoca hambrunas y muertes relacionadas con la mala nutrición.

QUIERO QUE GASTES MUCHO PARA PROBAR QUE AMAS A TU FAMILIA

Habiendo dicho eso, la pregunta elemental que debemos hacer ahora es la siguiente: ¿qué es el consumismo? Para contestar esa interrogante, puedo que decir que el consumismo es –en apretada síntesis– *«consumir por consumir, sin ningún control.»*[lxi] Ahora bien, estoy consciente de que esa definición es demasiado elemental. Por lo que es necesario que abunde un poco más, en aras de que se entienda de una manera más profunda la cuestión del consumismo.

Lo primero que tengo que decir es que el consumismo, además de ser una *patológica conducta* que lleva a las personas a comprar y/o a desear tener *bienes y/o servicios* que no son indispensables para satisfacer las necesidades básicas, es una cuestionable conducta que lleva a los consumistas: (a) a no estar conformes con lo que son; (b) a no valorar los bienes que tienen; y (c) a llevar unos estilos de vida, al igual que unas filosofías de vida, basados en el derroche.

Sobre el asunto del *materialismo*, valga saber que es «un modo de vida basado exclusivamente en la posesión y en la adquisición de objetos, servicios y bienes.»[lxii] También se puede decir que el satánico materialismo es una irracional «forma de vivir que conduce a sus adeptos a tratar a las personas como si también fueran bienes que se pueden comprar.»[lxiii]

Dicho eso, es necesario señalar que el consumismo es una adicción que se adquiere a través de los años, es decir, es una conducta aprendida. Y regularmente las personas la aprenden por medio de sus progenitores, familiares y amigos. Aunque no se puede pasar por alto que el consumismo, al igual que el materialismo, también es aprendido –y sobre todo reforzado– por medio de la publicidad en los medios de comunicación, o sea: (1) por medio de vallas publicitarias; y (2) por medio de anuncios en radio, cine, televisión, periódicos y revistas.

De hecho, no es incorrecto pensar que en estos tiempos de la modernidad, en donde el espectáculo es más importante que la educación, los mensajes consumistas y materialistas siempre están presentes –directa o indirectamente–: (1) en la publicidad; (2) en el espectáculo; y (3) en el entretenimiento.

Digo eso ya que los mensajes consumistas y materialistas que utilizan las empresas más ricas, que ahora están en *los videojuegos y en las películas*, «crean falsas necesidades entre los consumidores, haciéndoles perder su sentido crítico y reflexivo, su individualidad de criterios, para venir a ser parte de una gran masa de consumidores.»[lxiv]

En fin, si fuera a resumir todo lo que he mencionado podría decir que los mensajes consumistas y materialistas que están utilizando las empresas ricas y políticamente conectadas, han llevado a una enorme porción de la humanidad a sentir la absurda necesidad de «adquirir productos y servicios que son innecesarios para el bienestar humano.»[lxv]

B. Acciones descabelladas y consumistas

Por otro lado, es necesario mencionar que el consumismo es tan poderoso que ocasiona que los consumistas, al igual que *los pobres materialistas que visten de diseñador:* (a) experimenten sensaciones que no están acordes con lo que significa buena salud emocional; y (b) ejecuten actos extraños, tontos y descabellados.

Así, por ejemplo, se sabe que casi todos los consumistas «experimentan alivio pasajero al adquirir productos que exceden su presupuesto y que raras veces necesitan.»[lxvi] Y eso, sin ninguna duda, es algo kafkiano. Puesto que únicamente una persona que tenga su pensamiento bien fastidiado puede experimentar algún tipo de alivio, o placer, al comprar bienes que le harían *endeudarse seriamente.*

Otra kafkiana cuestión que podemos ver en casi todos los consumistas es que, una vez compran sus porquerías favoritas, no pasa mucho tiempo cuando comienzan a experimentar insatisfacciones por los bienes comprados. Por eso es que casi todos los consumistas, al igual que los pobres materialistas, no se sienten satisfechos con los bienes –aunque sean costosos y lujosos– que poseen. ¿Y sabe qué es lo más terrible de eso? Que los consumistas, al igual que los necesitados materialistas, nunca pueden disfrutar plenamente de las cosas que poseen.[lxvii]

Tampoco se puede pasar por alto que hay muchísimos consumistas que, luego de comprar sus deseadas porquerías, experimentan sentimientos de culpa. Ese sentimiento de culpa es tan poderoso que, *por lo regular,* por ahí abundan los consumistas y materialistas que tienden a ocultar: (1) la cantidad de dinero que ganan mensualmente; y (2) cuánto gastaron en sus deseadas porquerías. Y en los casos más extremos, uno puede ver que los consumistas «esconden los artículos nuevos que compran.»[lxviii]

Pero esto va más lejos. Esa insatisfacción que experimentan los consumistas con los bienes que compran y poseen provoca, lamentablemente, que entren en unos deprimentes e indefinidos *círculos viciosos.* Es decir, uno puede notar que los consumistas se sienten insatisfechos con los innecesarios bienes que han comprado: (1) aunque dichos bienes estén en buenas condiciones; y (2) aunque dichos bienes tengan poco tiempo de haberse comprado. Y todo eso provoca que los consumistas tengan que seguir comprando en aras de poder sentir, nuevamente, esa enfermiza y corta satisfacción que sienten al comprar sus innecesarios bienes favoritos.

Siguiendo con el asunto de las alteraciones mentales que provoca el consumismo, es pertinente mencionar que el consumismo también ocasiona que muchos consumistas sientan una incoherente sensación de vergüenza. Es decir, los consumistas –

en especial los pobres y explotados que se han dejado seducir por las pendejadas consumistas– tienden a abochornarse por poseer ciertos bienes.

Por eso no es extraño, por ejemplo, que muchos consumistas que pertenecen a las clases pobres y explotadas sientan vergüenza: (a) si tienen carros viejos y feos; (b) al vestirse con ropas viejas; y (c) al utilizar ropas que no están de moda o que fueron compradas en tiendas dedicadas a vender baratijas.

Es obvio que todo ese asunto de sentir vergüenza, está relacionado con baja autoestima. Digo eso ya que, por lo regular, muchas personas pobres que están deprimidas y/o que tienen la autoestima por el piso, aunque tengan salud y alimentos, se avergüenzan de lo que son y de lo que tienen.

Cabe puntualizar que este asuntito de la baja autoestima me ha hecho recordar una investigación realizada por investigadores de la *Universidad de Chicago,* ubicada en los Estados Unidos de América. Y recuerdo esa investigación ya que demostró, contundentemente, que la inmensa mayoría de los consumistas –en especial los que pertenecen a las clases sociales que están al servicio de la hegemónica élite– son personas que tienen una baja autoestima.[lxix]

Por eso no es raro saber que los consumistas más embrutecidos, al igual que los materialistas que están *quebrados y embrutecidos*, piensan que pueden utilizar las compras de porquerías y las visitas a los templos del consumismo y del materialismo para tratar de elevar la autoestima.

¿Sabe qué suele ocurrir luego de que los deprimidos consumistas, al igual que los *embrutecidos materialistas,* gastan montones de dinero en las porquerías que compran? Más aberraciones en el pensamiento. Digo eso ya que muchos deprimidos consumistas, al igual que muchos embrutecidos materialistas, luego de comprar sus innecesarios y costosos bienes se sienten –momentáneamente– importantes y superiores.

Pero esto se torna más patético. ¿Sabe por qué? Porque hay consumistas y materialistas que, olvidándose que los gusanos o las llamas (en el caso de ser cremados) les devorarán sus nalgas cuando mueran, se pasan exhibiendo las costosas y lujosas porquerías que han comprado con la intención de que otras personas, presumiblemente igual de embrutecidas: (1) sientan envidia; y (2) crean que ellas *(los consumistas y materialistas)* son importantes y superiores.[lxx]

Pero lo dicho no termina ahí. Todos sabemos que en muchas partes del mundo existen comerciantes y organizaciones criminales que, ilegalmente, se dedican a producir y/o vender imitaciones de ciertos bienes muebles. Así, por ejemplo, las mencionadas personas hacen imitaciones –acción ilegal que popularmente se llama piratería de marcas o bienes– de carteras, calcetines, blusas, gafas, entre otros bienes muebles.

También sabemos que muchas de esas imitaciones son muy buenas, al punto de que únicamente las mentes altamente entrenadas podrían descubrir los fraudes.

Pues bien, en aras de satisfacer el ego y el narcisismo de los consumistas, las empresas que se dedican a vender bienes muebles, costosos y lujosos les entregan a los pendejos consumistas: (1) los bienes comprados; y (2) unos certificados que dan fe sobre los costos y la originalidad de los bienes adquiridos.

Pero lo más disparatado de eso es que, muchísimos consumistas andan por ahí con esos certificados con el fin de mostrárselos a amigos, familiares y, sobre todo, a todos aquellos —*que casi siempre también son unos pendejos consumistas*— que tengan la osadía de cuestionar la originalidad de las charrerías compradas.

Por otro lado, cabe recordar que el consumismo pudre tanto la mente de las personas que, por sorprendente que parezca, siempre vamos a encontrar por ahí a consumistas que sienten un extraño y enfermizo amor hacia un bien en particular. Así, por ejemplo, hay personas que *adoran a sus lujosos carros*, mientras que hay pendejas consumistas que adoran sus costosos zapatos.

Lo más descabellado de lo antes dicho es que muchísimas de las mencionadas personas, se comportan de maneras estúpidas e irracionales: (1) cuando están con sus adorados bienes muebles; y/o (2) cuando hay personas cerca de sus adorados bienes muebles.[lxxi] De hecho, no es raro que los mencionados pendejos, debido a sus patológicos fervores hacia sus bienes favoritos: (a) tengan encontronazos con familiares y amigos; y (b) gasten enormes sumas de dinero en sus amadas charrerías.

Inclusive, hay muchísimos consumistas que adoran tanto algunos de sus bienes muebles que, alocadamente, prefieren gastar más dinero en la compra de *bienes y/o servicios* para sus amados bienes que en educación y/o en libros de calidad.

Esto que he discutido me ha hecho recordar que en Puerto Rico, al igual que en los Estados Unidos continentales, hay muchísimos idiotas que, literalmente, aman demasiado a sus vehículos de motor. Por lo que no es extraño ver que muchísimos de esos amantes de vehículos de motor: (a) les pongan nombres propios a sus carros; (b) no permitan que ciertas personas —casi siempre niños pequeños– se monten dentro de sus amados vehículos; (c) se pasen comprando bienes muebles y costosos para adornar y embellecer sus carros; y (d) gasten enormes sumas de dinero en la limpieza, pulido y brillo de sus amados carros.

Inclusive, en Puerto Rico hay muchísimos imbéciles, la mayoría de ellos pertenecientes a la clase social que es explotada y utilizada por los miembros de la clase social poderosa y rica, que pasan más tiempo lavando, *contemplando,* brillando y adornando sus carros que leyendo libros de calidad.

Otra patética consecuencia que está relacionada con el consumismo y con el materialismo, es que uno puede ver que muchos consumistas y materialistas, en especial los más embrutecidos, crean y/o participan en grupos sociales –que pueden ser electrónicos– que están basados en la posesión de ciertos bienes. Y en aras de pertenecer a esos patológicos grupos sociales, que en muchas ocasiones involucran *unas fervientes fidelidades* a «marcas, diseños y personalidades», las personas tienen la obligación de amoldarse a los patrones consumistas y materialistas de dichos grupos.[lxxii]

Lo mencionado me hace recordar que, por ejemplo, en Puerto Rico y en los Estados Unidos continentales los materialistas han creado grupos *sociales y exclusivos* que giran alrededor de vehículos de motor de lujo. También he visto grupos sociales que, increíblemente, giran alrededor de marcas comerciales que están relacionadas con vestidos y accesorios costosos.

A eso se añade que, para satisfacer a los materialistas y narcisos, en muchísimas partes del mundo hay tiendas exclusivas que realizan actividades de confraternización para sus exclusivos clientes. Por lo que se puede decir que, en esos casos, dichas tiendas también hacen el papel de grupos sociales cerrados y exclusivos.

Si lo que he discutido es kafkiano, más kafkiano es el hecho de que hay muchísimas personas —*entre ellas explotadas empleadas que pertenecen a la clase social pobre y fastidiada*— que hacen enormes esfuerzos con el fin de pertenecer a los mencionados grupos sociales. Y cuando digo que están dispuestas a hacer todo lo posible, eso incluye gastar el dinero que sea necesario —aunque conlleve realizar enormes sacrificios o tomar decisiones irresponsables— en aras de tener los bienes que poseen los miembros de los exclusivos grupos.[lxxiii]

Otra descabellada conducta que provoca el consumismo, al igual que el materialismo, es hacerle creer a los pendejos que el progreso social, al igual que la importancia de una persona, está estrechamente relacionado con la posesión de ciertos bienes materiales.[lxxiv] Por eso es que usted puede ver que, por ahí, hay un montón de fuleros que, descabelladamente: (1) respetan a las personas que —*a pesar de no haber realizado nada significativo en favor del conocimiento o las letras humanas*— tienen dinero y bienes lujosos; y (2) desprecian e ignoran a las personas que —*a pesar de haber realizado contribuciones en favor del conocimiento y/o de las letras humanas*— son pobres.

Otro alocado asunto que está presente en la mente de muchos consumistas y materialistas, es el de expresar sus sentimientos por medio de la compra de regalos. Esto que estoy discutiendo se puede ver claramente cuando, por ejemplo, en los países capitalistas y desarrollados se realizan las celebraciones de los días de las madres, de los padres, de los estudiantes y de los ancianos.

Digo eso ya que los consumistas, durante esos días, se pasan regalándoles *bienes materiales* a las mencionadas personas con el fin de demostrarles su amor. Y no hablemos sobre el día de los enamorados, puesto que en esos días los consumistas y materialistas gastan muchísimo dinero en porquerías con el fin de demostrar sus interesados amores. Y en el específico caso de las personas jóvenes y saludables, todos sabemos que utilizan los regalos de los días de los enamorados para que les permitan chingar y tragar fluidos de los órganos sexuales.

También debe tenerse en cuenta que el consumismo, al igual que el materialismo, provoca que muchos embrutecidos se comporten como *fanáticos religiosos.* Digo eso ya que hay muchísimos materialistas y consumistas que, ciegamente, apoyan ciertas marcas comerciales. Y dichos apoyos son tan patéticos que *muchísimos materialistas y consumistas,* con gran vehemencia, están dispuestos: (1) a defender la reputación de las empresas que fabrican sus bienes muebles favoritos; y (2) a defender sus opiniones en torno a la calidad de los productos que han fabricado las empresas que venden sus bienes muebles y favoritos.

Se sabe, además, que muchos consumistas y materialistas no están dispuestos a comprar bienes muebles que fabriquen otras empresas comerciales. Y lo más curioso sobre eso es que muchos materialistas y consumistas, demostrando poca inteligencia, hacen lo anterior aunque existan innumerables evidencias que demuestren que esos otros productos –los que han sido fabricados por otras empresas–: (1) son de mejor calidad; y (2) son de menor costo.[lxxv]

Dicho eso, entiendo que debo plasmar un ejemplo para que lo antes explicado se entienda de una mejor manera. Imaginemos que Amanda, una patética, consumista y materialista mujer que vive en Puerto Rico, es fanática de los *bienes muebles* que fabrica la empresa Nike. Imaginemos, además, que Amanda adora tanto los bienes que fabrica y vende la empresa Nike que, en detrimento de su propio bolsillo, únicamente compra los costosos bienes que se pasa fabricando y vendiendo la mencionada empresa.

Pues bien, si en una conversación con un grupo de compañeros de trabajo Amanda escucha que la calidad de los bienes que fabrica la empresa Nike es una mierda, es altamente probable que Amanda defienda ciegamente los productos que vende y fabrica Nike.

Pero eso no es lo único que Amanda estaría dispuesta a realizar en aras de defender y apoyar, religiosamente, a su apreciada marca comercial. Imaginemos, ahora, que en una *revista especializada en asuntos del consumidor* se publica un análisis, realizado por un respetable laboratorio, que demuestra que unos tenis que han sido fabricados y vendidos por la empresa Mondongo: (1) son de mejor calidad que los tenis que ha producido la empresa Nike; y (2) son más económicos que los tenis que vende la empresa Nike.

Pues bien, es altamente probable que nuestra consumista y materialista amiga: (a) ignore intencionalmente lo manifestado en el análisis; (b) siga comprando tenis fabricados por Nike; y (c) critique —*sin tener ninguna base*— el estudio realizado por los expertos.

Cabe recordar, a tono con lo anterior, que otra extraña conducta que está presente en la mente del materialista-consumista promedio es la que está relacionada con la búsqueda de referencias que mencionen, aunque sea dudosamente, que los costosos bienes muebles que ha comprado son, por decir lo menos, de mejor calidad que los bienes muebles *–de igual naturaleza que los comprados–* que fabrican las empresas que compiten con la empresa que ha fabricado los costosos bienes comprados.

Y a eso se suma que hay consumistas-materialistas que, *con el fin de tener temas de conversación chatarra,* se pasan buscando referencias que critiquen a las empresas –o los productos de las empresas– que compiten hombro con hombro con las empresas que fabrican sus bienes muebles favoritos. Así, por ejemplo, el embrutecido materialista que adora las tenis que fabrica y vende la empresa Jordan, se pasa buscando referencias negativas sobre las zapatillas deportivas que fabrica la empresa Fila.

Explicado eso, es obvio que salta a la vista una pregunta, a saber: ¿por qué hay materialistas y/o consumistas que hacen lo anterior? Por razón de que desean decirse a sí mismos, con referencias en mano, que sus alocados fanatismos son *dizque* adecuados y razonables.[lxxvi]

Por otro lado, debemos recordar que las personas que aman el conocimiento y el estudio, por lo regular: (1) se sienten felices cuando pueden acudir a seminarios y charlas graciosas que tienen altísimas probabilidades de enriquecer sus conocimientos; (2) se sienten felices cuando pueden comprar libros y panfletos que, por tener informaciones racionales, ayudan a adquirir buenos conocimientos; y (3) rechazan el materialismo, el consumismo y el espectáculo. Además, no es raro que algunas de las mencionadas personas también se sientan felices cuando hacen gestiones en favor de la libertad.

En fin, si uno analiza el comportamiento de las mencionadas personas uno puede notar que, muchísimas de ellas, adoran utilizar sus horas de ocio para realizar actividades intelectualmente enriquecedoras.

En el caso de los consumistas y materialistas, que apoyan incondicionalmente todo lo que esté relacionado con el espectáculo, vemos todo lo contrario. Así, por ejemplo, uno puede ver que los materialistas: (1) se sienten felices, y en muchas ocasiones se excitan, al *comprar charrerías* y al asistir a *los "chatarra-espectáculos"*; y (2) apoyan el hecho de que estemos viviendo en un mundo en «donde el primer lugar en la tabla de valores vigente lo ocupa el entretenimiento, y donde divertirse, escapar del aburrimiento, es la pasión universal.»[lxxvii]

Dicho eso, debe haber notado que indiqué que los materialistas y consumistas, en muchísimas ocasiones, se excitan al comprar sus porquerías favoritas y/o al asistir a los espectáculos chatarra. Pues bien, no está de más mencionar que una investigación realizada por investigadores de la

Universidad de Westminster, ubicada en el Reino Unido, ha confirmado lo antes mencionado.

Digo eso ya que los resultados de esa interesantísima investigación, dados a conocer en 2010, demostraron que las personas que padecen de consumismo y materialismo, que a todas luces son condiciones mentales, obtienen una excitación muy similar a «la excitación sexual»: (1) cuando compran sus porquerías favoritas; y (2) cuando asisten a los deprimentes templos —*llamados centros comerciales*— del consumismo.[lxxviii]

Por último, no puedo cerrar esta sección sin mencionar que el consumismo, al igual que el materialismo, ocasiona más estragos en los países ricos y desarrollados que en los países pobres, jodidos y hambrientos. Digo eso ya que hay abundantes evidencias que demuestran que «*las sociedades ricas, presas del consumismo,* son las que, estadísticamente, registran mayores casos de depresión, alcoholismo, crimen, ansiedad, obesidad y suicidios.»[lxxix]

C. Daños y consecuencias del consumismo

1. Daños y consecuencias en general

El mundo, como hemos visto, se ha globalizado. Y esa globalización ha ocasionado que el consumismo y el materialismo estadounidense, que están presentes en películas y en programas de televisión, se hayan esparcido por doquier. Por eso no es extraño que en muchos países pobres y hambrientos vivan personas pobres que, debido a que están seriamente embrutecidas, piensen que deben «adquirir bienes y servicios que no necesitan (...)».[lxxx]

Es indudable que el consumismo, al igual que el materialismo, le ha traído –*y seguirá provocando*– serias consecuencias a la raza humana. Y la primera consecuencia, como hemos visto, es la existencia de unas enormes masas de consumistas que, en detrimento de las finanzas familiares, se han convertido en unos embrutecidos adictos. Y digo que se han convertido en adictos ya que «el consumismo es una adicción igual que el alcoholismo o la drogadicción.»[lxxxi]

Dicho eso, sé que haber manifestado que el consumismo es una adicción puede serle incómodo e inverosímil a muchísimas personas, especialmente a las que han sido seriamente embrutecidas por las tácticas que usan los capitalistas. Pero les digo a esas personas que hay innumerables investigaciones que demuestran que *el consumista «tiene rasgos muy similares al que consume drogas*. Consumiendo se alivia el dolor, la ansiedad, el estrés, se experimentan sensaciones nuevas, se produce un estado de euforia y felicidad.»[lxxxii]

Además de eso, no se puede pasar por alto que hay consumistas que, al igual que en otros tipos de adicciones, padecen de una adicción crónica y peligrosa. Digo eso ya que hay consumistas que, patológicamente, *«dejan de comer o compartir con la familia* por adquirir un bien o servicio determinado para el placer netamente individual.»[lxxxiii]

Habiendo discutido lo anterior, no está de más que plasme y discuta algunos estudios que se han realizado sobre el asunto que estoy tratando en esta sección. El primer estudio que recuerdo fue realizado por investigadores de la **Universidad de Emory**, ubicada en los Estados Unidos de América. Según los hallazgos de dicho estudio, los consumistas obtienen una fuerte dosis de dopamina cuando ejecutan actos —*y en muchos casos cuando piensan en ejecutar actos*— que van dirigidos a comprar y poseer los bienes deseados.[lxxxiv]

Ahora bien, si profundizamos un poco más en los hallazgos de ese estudio vamos a encontrar algo verdaderamente revelador. Los resultados de ese interesantísimo estudio demuestran, claramente, que el consumismo es una poderosa adicción que está relacionada con una *alteración* en los circuitos dopaminérgicos cerebrales.

Nótese que el cerebro de los consumistas segrega dopamina cuando esos viciosos van a ejecutar actos encaminados a comprar los bienes y/o los servicios deseados. Y recuérdese que la dopamina, que es un neurotransmisor que está encargado de segregar en el cerebro una sustancia química que causa placer, está relacionada «con el desarrollo de adicciones.»[lxxxv]

2. Daños ambientales

Otro estudio que me viene a la mente fue realizado por investigadores del *Instituto Worldwatch*, con sede en los Estados Unidos de América. Según los resultados de ese estudio, que fueron dados a conocer en 2004, «el mundo consume productos y servicios a un ritmo insostenible, con resultados graves para el bienestar de los pueblos y el planeta.»[lxxxvi]

Pues bien, si uno profundiza en los resultados de ese estudio se puede llegar a la conclusión de que los *viciosos consumistas* también son responsables: (1) de la extinción de ciertos animales; y (2) de la contaminación y destrucción ambiental. Y sobre el asunto de la contaminación ambiental que está relacionada con el consumismo, cabe señalar que proviene de dos fuentes.

La primera de ellas proviene de la enorme cantidad de contaminantes que las fábricas lanzan al medio ambiente debido a la producción de los *innecesarios bienes* que adoran comprar los viciosos consumistas y materialistas. La otra forma de contaminación proviene de esa estúpida idea que tienen muchísimos consumistas, al igual que los materialistas, de que siempre hay que estar al último grito de la moda. *Me explico.*

Es harto conocido que millones de personas que viven en países capitalistas y desarrollados, al igual que cientos de miles de viciosos consumistas que viven en países que están en vías de desarrollo, tienen la absurda idea de que es dizque necesario e importante «estar al último grito de la moda.» Por eso no es raro, por ejemplo, que los mencionados idiotas piensen que es necesario tener el carro, el televisor, la camisa, la cartera, el teléfono, el perro y/o los juguetes sexuales *"más nuevos"* que se estén vendiendo en los mercados.[lxxxvii]

Y el gran problema con lo antes mencionado es que, en aras de complacer a los consumistas, se tienen que estar abriendo vertederos –*y en ocasiones vertederos clandestinos*– para sepultar los millones de bienes muebles que, a pesar de estar en buenos estados, se pasan botando los consumistas.

Otra *consecuencia ambiental* que está relacionada con el materialismo y con el consumismo es que se tienen que utilizar, inadecuadamente, los recursos naturales: (1) para construir los lujosos bienes inmuebles que desean los materialistas; (2) para producir los bienes muebles que adoran comprar los consumistas; y (3) para producir los *lujosos bienes muebles* que adoran comprar los materialistas y los consumistas.

A eso se añade que, en muchísimas partes del planeta, también se utilizan –y en muchas ocasiones también se destruyen– los recursos naturales para construir los templos que se utilizan: (1) para adorar al indigno consumismo; y (2) para complacer a los materialistas. Así, por ejemplo, durante las últimas décadas se han utilizado y destruido muchísimos recursos naturales para construir centros comerciales, hoteles, casinos, salas de cine, estadios deportivos y coliseos para ofrecer espectáculos vulgares.

Y si eso es absurdo, más absurdo es saber que no se espera que la situación mejore en el futuro.

Digo eso ya que varios estudios, como uno que fue realizado por investigadores del *Instituto Worldwatch*, demuestran que se espera que los capitalistas, en aras de sacarles los billetes a los consumistas y a los materialistas, sigan destruyendo selvas, bosques, zonas costeras y terrenos agrícolas para producir y construir los bienes –muebles e inmuebles– que usualmente adoran *los materialistas, los consumistas y los fanáticos del espectáculo.*[lxxxviii]

Es triste saber que el cabrón consumismo, al igual que el diabólico materialismo, será una de las causas principales por las cuales las próximas generaciones: (1) tendrán pocos recursos naturales para poder *alimentarse saludablemente*; y (2) vivirán en un planeta seriamente contaminado y fastidiado.

Y como toda la evidencia apunta hacia lo antes mencionado no se puede más que concluir que el vicioso consumismo, al igual que el perverso materialismo, ocasionará «*un desastre social y ecológico* de proporciones tales que los hijos y nietos de muchos de los consumidores y trabajadores de hoy no podrán siquiera subsistir en un mundo depauperado, por pura frivolidad, de sus recursos.»[lxxxix]

3. Esclavos de los acreedores

No se puede olvidar, por otro lado, que el consumismo –al igual que el materialismo– provoca otra negativa situación, a saber, que muchas personas terminen seriamente endeudadas. De hecho, no es nada extraño que en la mayoría de los países desarrollados y capitalistas vivan millones de consumistas y materialistas que, alocadamente: (1) hayan tenido que convertirse en *cuasi* esclavos de sus acreedores; y (2) hayan tenido que acogerse a unos rigurosos planes de quiebra debido a sus enormes deudas.

Pero este asunto del endeudamiento personal, debido al consumismo y al materialismo, va mucho más lejos. Digo eso ya que, además de estar relacionado con el hecho de que los viciosos materialistas y/o consumistas se endeudan para satisfacer sus vicios, el mencionado asunto también está relacionado con el embrutecimiento.

Digo eso ya que los consumistas y los materialistas, en especial los que pertenecen a las clases sociales fastidiadas y trabajadoras, han sido tan seriamente embrutecidos por medio de la publicidad y del contenido de las imágenes que se pueden observar en cine y en televisión que, a pesar de las innumerables advertencias por parte de expertos y filósofos, siempre están dispuestos: (1) a solicitar préstamos; (2) a aceptar préstamos con tasas de interés abusivamente elevadas; y (3) a solicitar préstamos que difícilmente pueden ser pagados.

Tampoco se puede pasar por alto que algunos consumistas que están severamente embrutecidos, al igual que algunos materialistas, están dispuestos a realizar negocios con peligrosas personas en aras de poder obtener el dinero que necesiten para comprar sus porquerías favoritas. Por eso es que, particularmente en *los países desarrollados y capitalistas*, hay consumistas que están tan embrutecidos y enviciados que caen «en manos de usureros – asociados a la práctica del sicariato y al lavado de dinero– que incurren en intimidar a la mayoría de los deudores mediante[...]abusos físicos.»[xc]

Para finalizar con esta sección, es de rigor señalar que todo parece indicar que **Benedicto XVI** *–un distinguido residente del Estado de la Ciudad del Vaticano–* estaba en lo correcto cuando analizó, con mucha profundidad, el asunto del consumismo. Expreso eso ya que ese líder religioso, que es amigo de varios *sacerdotes pederastas y pedófilos*, mencionó que «las cicatrices que surcan la cara de nuestra tierra, como la erosión, la deforestación, el expolio de los recursos minerales y de los océanos, se deben a un insaciable consumo.»[xci]

D. Abusos y crímenes por el consumismo

Vimos antes que el consumismo, al igual que el materialismo, tiene la capacidad de afectar «directamente el mundo psicológico de las personas, generando formas de comportamientos extremistas.»[xcii]

Cabe recordar que el mundo psicológico que se afecta es el de todos los componentes de la cadena consumista, es decir, desde el simple consumista hasta el capitalista que busca mantener su riqueza sacándoles los billetes a los consumistas y materialistas.

1. Delincuencia empresarial

Voy a comenzar la discusión con los empresarios, particularmente: (1) con los que tienen empresas en los países capitalistas y desarrollados; y (b) con los empresarios que, a pesar de tener sus empresas en países en donde hay mucha gente pobre y hambrienta, les venden los bienes que fabrican y/o ensamblan a las empresas que tienen sus oficinas centrales en los países desarrollados y capitalistas.

Lo primero que tengo que decir es que, en los mencionados países –aunque en mayor proporción en los países pobres y hambrientos– hay muchísimos empresarios que son tan malvados y negreros que, de manera abusiva, utilizan niños dentro de sus empresas. Y lo más triste de eso es que muchos de esos menores de edad: (1) tienen que trabajar largas jornadas laborales; (2) cobran unos salarios que están por debajo de los que cobran los adultos; y (3) trabajan en empleos patentemente peligrosos, como, por ejemplo, en trabajos relacionados con minería y procesamiento de alimentos.[xciii]

Tomemos como ejemplo lo que ocurre en los Estados Unidos de América. Dentro de ese violento y consumista país, para vergüenza de los que dicen que el Gobierno Federal de los EE. UU. es el paladín de la libertad, *«muchos niños trabajan en duras condiciones en los campos y fábricas* [...], tanto inmigrantes indocumentados como ciudadanos estadounidenses.»[xciv]

Es importante tener en cuenta que lo antes mencionado ha sido confirmado por una organización, con sede en los Estados Unidos de América, llamada **Human Rights Watch**. Digo eso ya que investigadores de esa organización demostraron, en 2010, que en EUA había cerca de «dos millones y medio de trabajadores agrícolas, (...) de los cuales cientos de miles eran niños.»[xcv]

Lo que acabo de mencionar me ha hecho recordar un caso que ocurrió en el estado de Iowa, en los Estados Unidos de América. Allí, en 2008, los dueños y gerentes de una procesadora de pollos fueron criminalmente procesados ya que, en aras de ahorrarse un dinerito, habían empleado a treinta y dos niños indocumentados.

Pero lo más grave de ese caso no fue el hecho de que los mezquinos empresarios, en violación a las leyes, contrataran a los indocumentados niños. Lo más grave fue que los dueños y gerentes de esa procesadora de pollos, a sabiendas: (1) sometieron a los menores de edad a *jornadas de trabajo excesivas y exhaustivas;* (2) permitieron que los niños fueran expuestos a *substancias peligrosas*; y (3) permitieron que los niños utilizaran herramientas peligrosas.[xcvi]

Dicho eso, me imagino que notó que mencioné líneas arriba que hay *roñosos empresarios* que contratan a menores de edad para que laboren en empleos relacionados con la minería.

Pues bien, es importante que tenga en cuenta que es altamente probable que muchas de las joyas que se venden en las tiendas, al igual que algunas de las joyas que utilizan las personalidades del mundo del espectáculo, sean unas *joyas que fueron inicialmente manejas* por niños explotados.

La razón por la cual digo eso es, principalmente, porque en muchos países pobres y hambrientos hay empresarios tan cabrones que, en aras de abaratar costos y obtener enormes ganancias al venderles sus productos a empresas que hacen negocios en países desarrollados y capitalistas, utilizan niños: (1) para extraer oro y piedras preciosas de las minas; y (2) para el «procesamiento de oro y piedras preciosas.»[xcvii]

Otro asunto que no se puede pasar por alto, puesto que es muy triste, es que en los países desarrollados y en los países hambrientos y pobres hay empresarios que son tan cabrones que, en aras de enriquecerse y realizar fuertes donativos políticos, les pagan unos salarios de hambre a los explotados empleados.

Habiendo discutido todo lo anterior, es obvio que salta a la vista una pregunta: *¿por qué en los mencionados países hay empresarios tan abusadores y negreros?* Lo primero que tengo que decir, en aras de contestar dicha interrogante, es que no existe una razón única.

Ahora bien, una de las razones que tiene más peso es la que establece que esos negreros hacen lo anterior ya que desean: (1) enriquecerse rápidamente; y (2) venderles sus productos, a bajos precios, a las enormes masas de consumistas y materialistas que hay en este planeta de mierda.

Note que mencioné que los negreros desean complacer a los consumistas, ya que saben que esos pendejos les pueden aumentar sus riquezas rápidamente. Pues bien, es obvio que salta a la vista otra pregunta: *¿dónde viven los consumistas?* Hay consumistas en todas partes. Ahora bien, la inmensa mayoría de los consumistas y materialistas viven en países desarrollados y capitalistas. Por eso es que la mayoría de los consumistas y materialistas que hay en el mundo viven en Estados Unidos de América, Francia, Reino Unido, Australia y Japón.

Contestada la interrogante debo aclarar que, aunque el mundo está lleno de negreros, la mayoría de los empresarios más perversos y ruines están en los países en donde hay mucha gente pobre y hambrienta. Por eso es que, por ejemplo, Bangladesh está lleno de ruines empresarios que, mientras *se enriquecen* vendiéndoles mercancías a las empresas más ricas y poderosas de los Estados Unidos de América: (1) permiten que sus empleados trabajen en facilidades peligrosas; y (2) contratan niños para trabajar en facilidades peligrosas.[xcviii]

Ahora bien, lo anterior no significa que todos los empresarios que tienen empresas en los países desarrollados y capitalistas sean unos santos. Recuerde que la mayoría de los empresarios que, en los países capitalistas y desarrollados, dirigen empresas poderosas y ricas también ejecutan –*u ordenan ejecutar*– acciones altamente cuestionables. La gran diferencia es que sus más graves abusos, debido a las leyes laborales, los mandan a ejecutar indirectamente en los países hambrientos y económicamente fastidiados.

Por eso es que, por ejemplo, en los Estados Unidos de América hay empresarios que dirigen corporaciones multinacionales que, a sabiendas y sin sentir lástima, les compran bienes a los ruines empresarios: (1) que tienen fábricas en países pobres y fastidiados; (2) que tratan a sus empleados como si fuesen esclavos; y (3) que contratan a menores de edad.

Voy a plasmar un ejemplo para que se entienda de una mejor manera lo que estoy diciendo. En Brasil, en donde hay muchísima gente que pasa hambre, hay innumerables empresarios que utilizan niños y adultos para que, por unos miserables salarios, trabajen en los campos carboníferos.

Dichos negreros, una vez sus explotados trabajadores consiguen el carbón, les venden los paquetes de carbón a otros empresarios que, a sabiendas de la mencionada explotación laboral, fabrican arrabio para las principales compañías automotrices del mundo, como, por ejemplo, para General Motors Corp. y para Toyota Motor Co.[xcix]

Habiendo llegado a este punto de la discusión es forzoso concluir que los materialistas, al igual que los consumistas: (1) son los principales responsables de que muchas empresas que están ubicadas en países *económicamente fastidiados* se pasen contratando y explotando a miles de niños; (2) son responsables de la *esclavitud laboral*; y (3) desean que existan empresas en donde los empleados, por no decir los esclavos, ganen sueldos de hambre por fabricar y/o ensamblar los productos que se venden en las tiendas.

2. Los consumistas apoyan la explotación

Todo el mundo sabe que el consumismo: (1) «es la tendencia a comprar sin moderación, a gastar sin necesidad o comprar en busca de felicidad»; y (2) «es un comportamiento superficial, tonto y perjudicial.»[c] Sin embargo, parece mentira que el comportamiento consumista y materialista se haya convertido —*especialmente para millones de tontos y superficiales que viven en los países desarrollados*— en un tonto y superficial medio para expresar una atrofiada identidad.[ci]

Así, por ejemplo, uno puede ver que muchos tontos y pobres materialistas, en aras de dejarle saber a todo el mundo que ellos son unos imbéciles que adoran derrochar el dinero: (1) se pasan comprando y vistiendo ropa costosa; y (2) se pasan comprando y utilizando accesorios costosos y, sobre todo, de ciertas marcas exclusivas.

Otro asunto, que parece mentira, es que el consumismo y el materialismo atrofian la mente humana de una manera tan sorprendente que, por increíble que parezca, tienen la destructiva capacidad de convertir a las personas en seres indiferentes, fríos, hipócritas y cínicos.

Digo eso ya que, por ejemplo, en este mundo de mierda hay millones de *consumistas y materialistas* que, a pesar de que se pasan hablando de amor, paz, equidad y/o libertad, se pasan comprando bienes que, a sabiendas, han sido producidos y/o ensamblados: (1) en países que tienen fama de pagarles unos sueldos de hambre a los trabajadores; (2) en países que tienen fama de tener empresas que tratan a los empleados como si fuesen esclavos; (3) por empresas extranjeras que permiten la explotación de los niños trabajadores; y (4) por empresas extranjeras que obligan a los trabajadores a laborar en lugares peligrosos.

¿Y por qué los consumistas, al igual que muchos materialistas, compran bienes que a sabiendas han sido producidos y/o ensamblados en los mencionados lugares? Puesto que sus cerebros están tan embrutecidos que se pasan pensando: (1) que lo más importante es obtener los bienes deseados a los mejores precios posibles; (2) que es necesario que existan personas laboralmente explotadas y abusadas; y (3) que la explotación laboral en los países pobres y hambrientos es un mal necesario para que ellos puedan comprar todas sus porquerías favoritas.

Ismael Leandry Vega

Dicho eso, y después de haber pensado profundamente sobre los *comportamientos consumistas y materialistas*, no se puede más que concluir que todos los consumistas –al igual que la mayoría de los pobres materialistas– que viven en países capitalistas y desarrollados, como Estados Unidos de América y Reino Unido, tácitamente aprueban que los bienes que compran en sus tiendas favoritas sean fabricados y/o ensamblados en fábricas del extranjero que se distinguen: (1) por emplear a menores; (2) por explotar a los trabajadores; (3) por pagarles salarios de hambre a los trabajadores; y (4) por ser indiferentes cuando muere un explotado trabajador.

Con eso en mente, sé que habrá personas que dirán que hay consumistas y materialistas que, inocentemente, no saben que los bienes muebles que se pasan comprando fueron fabricados y/o ensamblados en las fábricas de dolor y abuso que están ubicadas en países como los que he estado mencionando.

También sé que habrá personas que, incomprensiblemente, dirán que hay muchos consumistas, materialistas y amantes del embrutecedor mundo del espectáculo que no saben que «las grandes marcas de ropa europeas y norteamericanas presionan a sus proveedores asiáticos, [africanos y latinoamericanos] para que mantengan bajos los costes.»[cii]

Pero pensar de esa manera es totalmente erróneo, en especial si analizamos lo que ocurre en los países desarrollados y capitalistas. Digo eso ya que en los países desarrollados y capitalistas, como Reino Unido y Estados Unidos de América, *los noticieros, los periódicos y los medios de información que tienen presencia en la red de Internet* se pasan reportando sobre los abusos que se cometen en contra de los trabajadores que, además de vivir en países pobres y/o con leyes laborales que permiten el abuso, trabajan en las fábricas que producen: (1) los bienes que se venden a "buenos precios" en los países desarrollados y capitalistas; y (2) la ropa y el calzado de marca que se vende en los países del primer mundo.

Habiendo llegado a este punto de la discusión, no puedo más que concluir que la mayoría de las personas que viven en los países del llamado primer mundo, que se pasan hablando sobre libertad, democracia, igualdad, dioses, amor, entre otras cursilerías, no son más que unos seres indiferentes, fríos, hipócritas y cínicos. Digo eso ya que se supone que los habitantes de esos países, que tienen las herramientas para estar debidamente informados, no compren bienes que se hayan fabricado y/o ensamblado en países que permiten las mencionadas atrocidades laborales.

Ahora bien, sé que lo antes mencionado es pura utopía. Digo eso ya que la mayoría de los habitantes del primer mundo, que admiran más a los cantantes de música *"chatarra-popular"* que a los filósofos y científicos más respetables, seguirán apoyando la explotación laboral en los países

Ismael Leandry Vega

asiáticos, latinoamericanos y africanos con el fin de poder comprar: (1) sus joyas favoritas; y (2) sus porquerías favoritas en *Walmart, Kmart, Sears, Nike Store*, entre otras tiendas.

Otro asunto que no se puede pasar por alto, es que a los consumistas y materialistas no les importa que los bienes que compran hayan sido fabricados y/o ensamblados en países que, por querer satisfacer las demandas comerciales, tengan: (1) altos niveles de contaminación ambiental; y (2) leyes que permiten altos niveles de contaminación ambiental. En fin, se puede decir que a los consumistas y materialistas no les importa un carajo la contaminación ambiental, especialmente cuando ocurre en países extranjeros.

Dicho eso, voy a plasmar un ejemplo para que lo manifestado se entienda de una mejor manera. Millones de personas saben que los medios noticiosos de los países del primer mundo se pasan *reportando informaciones sobre la enorme contaminación ambiental* que hay en muchas partes de China, debido a la enorme cantidad de fábricas que se dedican a fabricar y/o a ensamblar millones de los bienes muebles que se venden alrededor del mundo.

De hecho, son abundantes las referencias que demuestran que las reformas capitalistas —entre ellas la toleración de la contaminación ambiental relacionada con la producción de bienes muebles— que se han implementado en China, para perjuicio de los habitantes de ese sobrepoblado país, han causado que «*el 70 por ciento de los ríos y grandes lagos del país estén seriamente contaminados*», y que «da lluvia ácida afecte a un tercio de la superficie nacional, incluyendo vastas extensiones de cultivos y a la mitad de sus 696 grandes ciudades.»[ciii]

Además de eso, las personas que viven en el primer mundo también saben –o deberían saber– que los medios noticiosos, tanto los televisivos como los que tienen presencia en la Internet, se pasan reportando que muchísimas fábricas que hay en China permiten que menores de edad, para su perjuicio, trabajen en fábricas en donde la producción de contaminación es enorme.

Sin embargo, a pesar que los ciudadanos de los países desarrollados y consumistas saben –o deberían saber– todo eso, siguen comprando bienes que provienen de ese contaminado país. Inclusive, la mayoría de los ciudadanos de los mencionados países les piden a sus gobernantes que tengan *buenas relaciones* con los gobernantes y empresarios de China, en aras de poder seguir comprando baratijas y productos a precios módicos.

Debo mencionar que lo manifestado me ha hecho recordar a la empresa ***Apple***. Millones de personas saben que la empresa Apple, un gigante de los productos que están relacionados con las computadoras, vende computadoras y artefactos tecnológicos *"a buenos precios"* en los países capitalistas y desarrollados.

Pues bien, a los compradores de los productos que son vendidos por la empresa Apple no les importa un carajo que algunas de las fábricas chinas que *producen y ensamblan* productos para la mencionada empresa, se pasen arrojando «desechos tóxicos al medio ambiente» y comprometiendo «la salud de quienes viven» en los alrededores de las mencionadas fábricas.[civ]

Habiendo explicado todo lo anterior no puedo más que concluir que los consumistas, al igual que los materialistas: (1) son unos cínicos que piensan que «*la felicidad es* sinónimo de abundancia de dinero y de cosas»;[cv] y (2) son unos cabrones que, en aras de poder comprar sus porquerías favoritas a buenos precios, aprueban que los ciudadanos que viven en los países fabricadores de bienes muebles –*como China y Bangladés*– sufran daños físicos y mentales debido a los altos niveles de contaminación ambiental.[cvi]

Por otro lado, ahora me muevo a los Estados Unidos de América para poder mencionar que en ese violento y consumistas país, en donde la *cuasi democracia* ha sido reemplazada por una plutocracia, el consumismo provoca la realización de actos kafkianos, fuleros y alocados. Así, por ejemplo, es sorprendente observar que muchos habitantes de ese país, todos los años, se tornan en seres peligrosos, chiflados, agresivos, ansiosos y odiosos durante ciertos días.

Debe saber que, por lo regular, las mencionadas transformaciones ocurren: (1) durante los días en donde se le rinde culto al consumismo y al materialismo; y (2) durante las épocas que se han destinado a la compra de porquerías con el fin de anormalmente expresar, *por medio de las porquerías compradas*, sentimientos de amor y aprecio.

¿Y cuáles son esas desgraciadas fechas en las que los consumistas que viven en los Estados Unidos de América, para bochorno de los filósofos estadounidenses, se transforman en seres peligrosos, chiflados, agresivos, ansiosos y odiosos? Indudablemente, vemos que ocurre lo antes mencionado: (1) durante las épocas navideñas; (2) durante las ventas del *"viernes negro";* y (3) durante las ventas debido al cierre definitivo de tiendas.

Ahora bien, si fuera a escoger una fecha en específico para poder demostrar, con mucha claridad, lo antes mencionado tendría que escoger el llamado *"**viernes negro**."* Digo eso ya que durante ese nefasto día, que se celebra en Puerto Rico y en los Estados Unidos continentales un día después del Día de Acción de Gracias, uno puede ver las formas y maneras en las que los consumistas humillan, agreden, amenazan y gritan con el fin de comprar baratijas y bienes muebles en especial de rebajas. Sin contar que, en ocasiones, también se puede ver que *hay consumistas que están dispuestos a matar* con el fin de comprar sus porquerías favoritas.[cvii]

Sobre eso del *"**viernes negro**"* es pertinente recordar que, durante ese día, los comercios que operan dentro del vasto territorio estadounidense, aunque hay comercios en el extranjero que también lo hacen, ofrecen enormes descuentos —*aunque jamás podemos olvidar que en muchísimas ocasiones tales descuentos, que se tienden a anunciar en los medios de comunicación, son puras patrañas*— en sus productos, «lo que provoca fuertes aglomeraciones y largas filas de espera desde la madrugada.»[cviii]

Es de notar que, líneas arriba, escribí que gran cantidad de consumistas y materialistas que viven en los Estados Unidos de América, para bochorno de los mentalmente equilibrados, se transforman en seres peligrosos, chiflados, agresivos, ansiosos y odiosos durante el *"viernes negro."* Pues bien, entiendo que debo plasmar varios ejemplos para que usted vea hasta dónde llegan las locuras de los amantes del consumismo.

El primer ejemplo que plasmaré proviene desde Nueva York, Estados Unidos de América. Allí, en 2008, un joven empleado de una tienda por departamentos fue lanzado al suelo y pisoteado por una muchedumbre de alocados consumistas que, durante el «viernes negro», quería entrar a toda prisa a la tienda. La gran tragedia en ese caso fue que el joven empleado, que *tenía unos treinta años de edad*, murió como consecuencia de los múltiples golpes que recibió por parte de las cerca de dos mil quinientas personas que formaban la mencionada muchedumbre.[cix]

El segundo ejemplo que plasmaré, que ocurrió dentro de una tienda de la empresa *Walmart* durante un «viernes negro», también proviene desde los Estados Unidos continentales. Allí, en 2008, una mujer embarazada que adoraba el consumismo fue lanzada al suelo y pisoteada por una nutrida muchedumbre que intentaba entrar a la mencionada tienda. Cabe mencionar que, como consecuencia de ese acto de violencia consumista, la «mujer embarazada fue hospitalizada de urgencia.»[cx]

Otro ejemplo sobre las locuras que se ejecutan durante el «viernes negro», ocurrió dentro de una tienda de la empresa Walmart que está ubicada en el estado de Florida, Estados Unidos de América. Allí, en 2009, *dos desquiciados consumistas* llegaron al mismo tiempo a la estantería en donde estaba ubicado el último bien mueble deseado por ambos. Eso ocasionó que los dos consumistas, sin importarles los deseos sociales de vivir en paz, se enfrascaran en «una pelea» por el deseado artículo.[cxi]

Otro ejemplo sobre lo que he estado discutiendo, sobre el *"viernes negro"*, proviene desde California, *EE. UU.* Allí, en 2010, una mujer trató de colarse en una larga fila que estaba ubicada en las afueras de una juguetería. Cuando la muchedumbre observó eso, comenzó a reclamarle a la mujer. Acto seguido, la mujer se enfureció y amenazó con matar a toda persona que no le dejara colarse en la fila. Cabe mencionar que, por esos actos de amenaza, la alocada y violenta consumista fue arrestada por agentes de la Policía.[cxii]

Habiendo llegado a este punto de la discusión es forzoso concluir que el consumismo, al igual que la religión: (1) es uno de los más poderosos enemigos que tiene la razón; y (2) es uno de los más poderosos enemigos «de la humanidad.»[cxiii]

3. La poderosa publicidad

Hemos visto que *el consumismo*, básicamente, es «un círculo vicioso de producir para consumir y (...) para crear necesidades que se satisfagan mediante una producción mayor.»[cxiv] Ahora bien, si analizamos con más profundidad el asunto del consumismo veremos que los consumistas son, por compararlos con algo, zombis.

Y utilizo la palabra zombis ya que tener ese exagerado deseo de adquirir bienes a toda costa, incluso cuando se sabe que muchos de los bienes comprados y/o deseados provienen de países en donde los trabajadores son abusados y explotados, «es una práctica digna de zombis, de personas hipnotizadas...».[cxv]

Dicho eso, es obvio que ha saltado a la vista una pregunta, a saber: ¿cómo las empresas logran convertir a las personas en unos *zombis consumistas?* Puedo decir, para contestar la interrogante, que las empresas más poderosas han logrado convertir a los consumistas en *zombis* por medio de los millones de dólares que, todos los años, gastan en publicidad creada por expertos en la conducta humana.

Ahora bien, es justo señalar que las empresas más ricas y poderosas no son las únicas culpables de lo antes mencionado. Digo eso ya que los medios de comunicación, a cambio de fuertes sumas de dinero y sin importarles los daños sociales y ambientales que ocasiona el consumismo, ponen sus plataformas informativas a disposición de los publicistas.

Por eso no se puede negar que, en estos *contaminados y consumistas tiempos de la modernidad*, los medios de comunicación (los privados) se han convertido en herramientas fundamentales «para dirigir las demandas de las masas y, en la mayoría de los casos, para impulsar al consumidor a adquirir cualquier clase de artículos, que por lo general resultan innecesarios.»[cxvi]

Es de notar que escribí líneas arriba que los medios de comunicación, en especial los privados, se han convertido en unas poderosas herramientas para los fabricantes y vendedores de bienes. Pues bien, también tengo que decir que *los medios de comunicación más poderosos* hacen tan buen trabajo para crear y dirigir las demandas de las masas que, casi de una manera omnipresente, tienen la capacidad de bombardear constantemente a los consumistas —al igual que a los materialistas y a los narcisos— con anuncios de bienes y servicios.

Recuérdese, sobre el particular, que los dueños de los medios de comunicación más poderosos son dueños de periódicos, revistas, vallas publicitarias, páginas de Internet, bitácoras electrónicas y de empresas que brindan el servicio de colocar pequeños anuncios publicitarios en baños públicos, comercios y estaciones de gasolina. Y los clientes de esos *poderosos medios de comunicación,* que usualmente tienen mucho dinero, pueden comprar ofertas publicitarias con el fin de colocar sus anuncios en todos los mencionados lugares.

Y no se puede olvidar, además, que los propietarios de los medios de comunicación independientes también se han dejado seducir por el dinero de los empresarios que desean anunciar sus productos y/o servicios por doquier.

En fin, si fuera a resumir lo que he estado discutiendo en pocas palabras podría decir que los comercios más poderosos, al igual que los productores de bienes más adinerados, han hecho *alianzas monetarias* con los medios de comunicación. Todo ello con el fin de que las personas, en especial los consumistas, los materialistas y los narcisos, adquieran y obtengan «bienes y servicios sin medir las consecuencias que eso trae para el planeta y para los mismos consumidores...».[cxvii]

Dicho eso, ahora es importante mencionar que los publicistas que están al servicio de los grandes intereses económicos no sólo crean campañas publicitarias y propagandísticas: (1) con el fin de crear falsas necesidades; y (2) con el fin dirigir a las masas. También crean campañas publicitarias dirigidas a un sector en particular, como, por ejemplo, a los consumistas pobres y endeudados.

Sobre las campañas publicitarias que se crean para afectar el pensamiento de los consumistas pobres, tengo que decir que son fascinantes. Digo eso ya que esas campañas publicitarias, por lo regular, están tan perfectamente diseñadas que les hacen creer a los consumistas pobres *—al igual que a los materialistas que están económicamente fastidiados—* que no necesitan tener dinero para comprar sus deseados bienes.

Por eso es que, por ejemplo, uno puede ver que la inmensa mayoría de esas campañas publicitarias, que regularmente son constantes y cambiantes, tienen palabras como las siguientes: (1) «compre a plazos»; (2) «lléveselo y lo paga después»; (3) «pruébelo y lléveselo»; y (4) «con cómodos pagos mensuales.»

Sin contar que dentro de muchas tiendas por departamentos hay anuncios publicitarios que les informan a los pobres consumistas que, si así lo desean, pueden obtener tarjetas de crédito con los logos de las respectivas tiendas y, a cambio de ello, obtener dizque «grandes descuentos.»

Habiendo discutido lo anterior, no puedo más que concluir que la publicidad que está estratégicamente dirigida a los consumistas pobres, con el fin de que se conviertan en esclavos de los acreedores, no hace más que generalizando y aumentando «el endeudamiento de la población [...], aunque la propaganda diga pago diferido, sin pago de intereses», entre otras palabras de gran atractivo para los pobres consumistas y materialistas.[cxviii]

4. Los obsoletos y cambiantes bienes

Por otro lado, entiendo que no puedo dejar pasar esta oportunidad para hablar sobre una de las tácticas –que no está directamente relacionada con publicidad ni con llamativos diseños– que han estado utilizando los fabricantes de productos para ganar dinero continuamente.

Sobre eso, es forzoso comenzar la discusión recordando que muchísimos de los bienes muebles que se fabricaban en el pasado, como todos esos *pesados y duros* vehículos de motor que se fabricaban en los Estados Unidos de América, eran unos bienes que usualmente se fabricaban para que duraran muchísimos años.

Y sobre ese asunto no es raro encontrar a un *orgulloso envejeciente* que diga: (1) que los bienes que se fabricaban durante su juventud duraban (la vida útil del bien) mucho más tiempo que los bienes que se fabrican en estos días; y (2) que conserva y utiliza bienes muebles que fueron fabricados *hace más de cincuenta años.*

Pues bien, si uno analiza con algo de profundidad lo antes mencionado hay que concluir que es cierto. ¿Sabe por qué? Porque hay muchísimas referencias que demuestran, para perjuicio del bolsillo del consumidor, que en estos contaminados tiempos de la modernidad hay muchísimos fabricantes de bienes muebles que, intencionalmente, han estado fabricando sus bienes «con una fecha de caducidad muy limitada...».[cxix]

¿Y por qué los fabricantes de bienes han estado haciendo eso? Por motivo de que desean que los consumidores, al comprar bienes que «duren poco tiempo», se vean «en la necesidad de comprar» bienes nuevos constantemente.^{cxx} Y eso, indudablemente, les permite tener —*tanto a los fabricantes como a los vendedores de bienes muebles*— constantes y enormes ganancias monetarias.

Dicho eso, ahora es necesario recordar que, otra táctica que han estado utilizando muchos *fabricantes de productos* con el fin de obtener ganancias estables y continuas es la de estar mejorando sus productos de forma continua. Es decir, cuando un producto sale a los mercados internacionales es altamente probable que la empresa que lo fabricó se encuentre finalizando los últimos detalles para sacar, dentro de poco tiempo, la versión mejorada de ese mismo producto.

Por eso es que uno puede ver que muchos de los bienes muebles que están en el mercado, como computadoras, televisores, impresoras, teléfonos móviles, consolas de videojuegos y *sistemas de posicionamiento global,* «envejecen en un parpadeo, para ser reemplazados por otras cosas de vida fugaz.»^{cxxi}

Pero eso no concluye ahí. Cuando los fabricantes de bienes sacan a los mercados las versiones mejoradas de los productos que ya están a la venta, se pasan ejecutando acciones con el fin de que los consumistas sientan la necesidad de comprar, aunque los bienes que tengan estén en buen estado, los nuevos y mejorados productos. ¿Y cuáles son las acciones que realizan las empresas para convencer a los consumistas? Por lo regular, las empresas vuelven a utilizar a los medios de comunicación con el fin de dar a conocer sus nuevos y mejorados productos.

Es necesario tener presente que las campañas publicitarias que buscan que los consumistas compren las nuevas versiones de los productos que ya tienen, suelen ser extremadamente agresivas. Así, por ejemplo, hay campañas publicitarias que están hechas para que los consumistas se sientan mal por no tener las versiones mejoradas de los productos.

De hecho, he visto muchísimas campañas publicitarias que, por lo bajo, les dejan saber a los consumistas que si no compran las nuevas versiones de los productos que ya tienen: (1) se convertirán en unas personas que estarán fuera de moda; y (2) serán unas personas que se perderán de «cosas valiosas en la vida.»[cxxii]

III. Los templos del consumismo

Los empresarios más ricos y poderosos, que siempre se han distinguido por tener amigos y socios dentro de las altas esferas de los Gobiernos, siempre han sabido que el consumismo –al igual que el materialismo y el narcisismo– genera buenas ganancias económicas.

Pues bien, la historia nos ha enseñado que, durante el siglo XX, ese conocimiento llevó a muchos poderosos y ricos empresarios a construir pequeños "templos consumistas" con el fin de convertir al consumismo, y a todo lo que estaba relacionado con él, en una especie de religión. Por eso es que, actualmente, alrededor del mundo hay miles de "templos consumistas" que están exclusivamente dedicados a ensalzar: (1) al consumismo; (2) al materialismo; y (3) a los narcisos.

Dicho eso, sé que usted podría estar preguntándose qué diablos son los *"templos consumistas."* Debo señalar que me estoy refiriendo a los centros comerciales. ¿Sabe por qué? Puesto que los centros comerciales, que regularmente tienen unos interiores que han sido cuidadosamente organizados por expertos en la conducta humana, están diligentemente construidos y organizados para que los consumistas: (a) se sientan bien; y (b) gasten dinero.

¿Y por qué digo que los centros comerciales están cuidadosamente construidos y organizados? Por razón de que, desde cómodos baños para cagar hasta *centros de entretenimiento* para niños y viejos, la inmensa mayoría de los centros comerciales están facilitados con todo lo necesario: (1) para que los comerciantes metan sus manos dentro de los bolsillos de los consumistas y materialistas; y (2) para que los consumistas y materialistas, una vez se marchen, sientan la necesidad de regresar.

Nótese que he mencionado que los dueños de los centros comerciales, que regularmente hacen fuertes donativos políticos con el fin de obtener beneficios por parte de los políticos: (1) han convertido la conducta consumista y materialista en una religión; y (2) han convertido los centros comerciales en lugares en donde se le rinde culto al consumismo.

Pues bien, ahora debo mencionar que los consumistas le tienen tanto cariño a sus "templos consumistas" que, por increíble que parezca, muchos se ellos —*en especial los más embrutecidos*— se pasan diciendo que acuden a esos lugares con el fin de aliviar sus ansiedades y preocupaciones. Mientras que muchos materialistas, absurdamente, acuden a los centros comerciales: (1) con el fin de rendirle culto a ciertas marcas comerciales; y (2) para darle rienda suelta a algunas de sus fantasías y estupideces.

Sobre el asunto de los patéticos consumistas que acuden a los centros comerciales con el fin de fantasear, cabe señalar que en ese grupo de imbéciles están todos esos embobados que se pasan viendo las vidrieras, al igual que los estantes, de las tiendas que venden *bienes muebles costosísimos*. Digo eso ya que muchos de esos embrutecidos, mientras tocan u observan los costosos y deseados bienes, tienen fantasiosos pensamientos como el siguiente: *"si tuviera el dinero suficiente, lo compro."*

Cabe señalar, en conexión con lo que he estado discutiendo, que yo no soy la única persona que piensa que los centros comerciales se han convertido en templos. Digo eso ya que muchos escritores, filósofos, profesores y periodistas también lo han manifestado. Ejemplo de eso es que **Eduardo Galeano**, un afamado escritor y periodista uruguayo, escribió lo siguiente:

> *El shopping center, o shopping mall, vidriera de todas las vidrieras, impone su presencia avasallante. Las multitudes acuden, en peregrinación, a este templo mayor de las misas del consumo. La mayoría de los devotos contempla, en éxtasis, las cosas que sus bolsillos no pueden pagar, mientras la minoría compradora se somete al bombardeo de la oferta incesante y extenuante.*[cxxiii]

IV. Publicidad engañosa

Es harto conocido que una publicidad es engañosa cuando «induce o puede inducir a error a sus destinatarios [...]. Es asimismo engañosa la publicidad que silencie datos fundamentales de los bienes, actividades o servicios cuando dicha omisión induzca a error de los destinatarios.»[cxxiv]

También es conocido que mucha de la publicidad engañosa que hay por ahí: (1) se coloca a la vista de los potenciales consumidores por corto tiempo; (2) no es detectada por *las autoridades gubernamentales;* (3) está relacionada con productos que aparecen y desaparecen rápidamente; y (4) tiene la finalidad de llevar a los consumidores a los comercios que han publicado los engaños.

Dicho eso, es importante tener en cuenta que muchas empresas, inclusive en los *Estados Unidos de América*, se pasan publicando publicidad engañosa.

Y lo más curioso de esa engañosa publicidad es que, en muchas ocasiones, uno puede notar que sus creadores tienen vastos conocimientos sobre la conducta humana. Digo eso ya que esa engañosa publicidad, *por estar bien elaborada*, se dirige a los sentimientos, sueños, metas y necesidades de los consumistas.

Un buen ejemplo sobre eso es la publicidad engañosa que utilizan los molinos de diplomas, o las *universidades patito*, con el fin de que las personas que desean obtener títulos universitarios compren unos fraudulentos papeles –mal llamados títulos universitarios– que, por decir lo menos, no tienen validez académica.

Es importante mencionar que en estos tiempos de la modernidad, en donde mucha de la publicidad engañosa es creada por abogados y expertos en la conducta humana, cerca del noventa y ocho por ciento de la publicidad engañosa es colocada a la vista de los consumidores con pleno conocimiento de su falsedad.

Otro curioso asunto sobre la publicidad engañosa, es que mucha de ella está dirigida a personas inmaduras y a personas que, por tener mucha edad o un bajo nivel educativo, no tienen una gran agudeza intelectual. Tampoco se puede pasar por alto que mucha de la publicidad engañosa que hay por ahí, que en algunas ocasiones tiene un formato de programa de televisión o de radio, es tan despreciable que se dirige a personas que están severamente enfermas.

Y sobre esto último tengo que decir que, de toda la publicidad engañosa que hay por ahí ésa es la más despreciable y cabrona. *¿Sabe por qué?* Porque las personas que están gravemente enfermas, además de estar desesperadas por conseguir productos que les alarguen sus vidas o que les mejoren sus condiciones de salud, están dispuestas a comprar lo que sea para alcanzar los fines manifestados. Por lo que es normal que esas personas sientan gran atracción por toda esa publicidad engañosa que haga referencia a pastillas, jugos, líquidos, cremas, pulseras y/o cadenas *dizque milagrosas* que mejoren, a cambio de dinero, la salud.

Otro asunto que siempre se tiene que tener en mente, es que la publicidad engañosa también es utilizada: (1) por empresas famosas y estables; y (2) por negocios que, según la población en general, son decentes y confiables. Por eso es que, por ejemplo, ha habido bancos, cadenas de restaurantes de comida rápida e instituciones educativas que, en aras de obtener rápidas ganancias, han utilizado publicidad engañosa.[cxxv]

Esto que acabo de decir me ha hecho recordar un caso que ocurrió en Puerto Rico. Allí, en 2008, el *Departamento de Asuntos del Consumidor* multó a un famoso banco –llamado Westernbank– ya que, a sabiendas y con toda la intención de engañar a las personas, publicó varios anuncios engañosos en varios periódicos de circulación general.[cxxvi]

Otro caso que recuerdo también ocurrió en Puerto Rico. Allí, en 2005, el Departamento de Asuntos del Consumidor multó a otro famoso banco –llamado RG Bank– ya que, a sabiendas y con toda la intención de engañar a las personas, publicó un sinnúmero de anuncios engañosos que estaban relacionados con la compra de bienes inmuebles.[cxxvii]

Por último, no puedo cerrar esta sección sin mencionar que siempre he creído que las empresas que utilicen publicidad engañosa, al igual que todos *los medios de comunicación* que publiquen anuncios engañosos, deben ser intervenidas y multadas por las autoridades gubernamentales.

Y en el caso de la odiosa, peligrosa y engañosa publicidad que esté relacionada con asuntos atañidos a la salud física y/o mental, siempre he creído: (1) que sus creadores deben ser duramente castigados por las autoridades gubernamentales; y (2) que debe ser retirada –luego de obtener una orden judicial– de los medios de comunicación. También creo que los medios de comunicación que, a cambio de dinero, publiquen esa *engañosa y peligrosa publicidad* deben ser castigados con fuertes multas.

¿Y por qué creo que el Gobierno debe ser bien fuerte con los odiosos que utilicen y publiquen publicidad engañosa que esté relacionada con la salud física y/o mental? Porque esos cabrones, que están dispuestos a engañar a los más vulnerables con el fin de enriquecerse, no hacen más que: (1) atentar en contra de la vida de las personas; y (2) atentar en contra de «la calidad de vida» de los enfermos.[cxxviii]

V. La burbuja consumista

Por otro lado, es importante tener en cuenta que en muchísimos países existen unas *diabólicas alianzas* entre: (a) los medios de comunicación más poderosos; y (b) las empresas comerciales más poderosas. Y dichas *diabólicas alianzas*, además de beneficiar a las mencionadas empresas, también benefician —indirectamente— a las pequeñas y medianas empresas.

Dichas diabólicas alianzas consisten, en primer lugar, en que los medios de comunicación, en especial los nacionales, harán todo lo posible para evitar transmitir los estragos que se susciten —*o que se hayan suscitado*— alrededor del mundo, en especial en los países pobres, como consecuencia: (1) del consumismo; (2) del materialismo; y (3) del capitalismo.

¿Y para qué se hace eso? Eso se hace para evitar, *o por lo menos para minimizar lo más que se pueda*, que los consumistas, materialistas y narcisos –que les generan enormes ganancias a los medios de comunicación y a las empresas comerciales– se sientan mal o culpables al observar los estragos sociales y ambientales que, a nivel mundial, son consecuencia directa: (a) del capitalismo; (b) del consumismo; y (c) del materialismo.

El asunto psicológico que hay detrás de eso, que va de la mano de un asunto económico, establece que en la medida en que los embrutecidos consumistas, materialistas y narcisos crean, gracias a *las burbujas informáticas* cuidadosamente creadas y publicadas por los medios de comunicación más vistos, que sus malsanas conductas no están provocando –internacional, nacional y/o localmente– hambrunas, contaminación, abusos laborales y/o pobreza: (1) seguirán gastando enormes sumas de dinero en unos bienes muebles que, con toda probabilidad, terminarán en los vertederos; y (2) seguirán comprando bienes muebles e inmuebles costosos.

Por eso es que usted puede notar que en casi todos los países con altos niveles de consumismo y materialismo, como Estados Unidos de América, Puerto Rico y Japón, los medios televisivos de comunicación –en especial los privados–:

(1) publican pocas imágenes sobre todos esos niños africanos y latinoamericanos que, diariamente, mueren de hambre;

(2) le otorgan poca importancia al asunto de la contaminación ambiental –al igual que al asunto de la explotación laboral– que está directamente relacionada con consumismo, materialismo y capitalismo.

(3) prefieren transmitir programas y reportajes sobre el embrutecedor mundo del espectáculo;

(4) dan a entender que los artistas populares, al igual que todos esos famosos bípedos que ganan millones de dólares por jugar, son más importantes y respetables que los filósofos e investigadores que se pasan señalando las imbecilidades humanas.

Habiendo llegado a este punto de la discusión, no puedo más que concluir que las satánicas alianzas que han hecho las empresas y los medios de comunicación más poderosos, en especial los televisivos, demuestran que a la inmensa mayoría de las personas que laboran en los medios de comunicación –*en especial a los directores*– no les importan los asuntos peligrosos, dañinos y negativos que estén directamente relacionados: (1) con el consumismo; (2) con el materialismo; y (3) con el capitalismo.

Si lo anterior les importara estarían utilizando sus costosos equipos para transmitir, diaria y repetidamente, *documentales, reportajes y anuncios*: (1) sobre los daños ambientales que están directamente relacionados con el consumismo; (2) que critiquen las conductas materialistas y consumistas; (3) que informen sobre el hecho de que el consumismo es una adicción; y (4) sobre los abusos y crímenes que se ejecutan alrededor mundo, en especial en los países que están en la lista del tercer mundo, para satisfacer las demandas materialistas y consumistas de los habitantes del primer mundo.

Tampoco se puede olvidar, por ser pertinente al asunto que estoy discutiendo, que si a los dueños de los centros comerciales les importara *concienciar* sobre los asuntos dañinos, abusivos y negativos que están relacionados con las conductas consumistas y materialistas, colocarían dentro de sus lucrativos y enormes templos un sinnúmero de anuncios y vallas publicitarias que les hagan recordar a las personas:

(1) que el consumismo es una conducta patológica;

(2) que el materialismo es una estupidez; y

(3) que muchos de los bienes que se venden dentro de sus centros comerciales han sido fabricados en países en donde es legal *cometer abusos* en contra de los trabajadores.

VI. Gobierno y consumismo

Todos sabemos que **Miguel d'Escoto Brockmann**, Presidente de la Asamblea General de la Organización de las Naciones Unidas, manifestó en una ocasión que los seres humanos tienen un «modo egoísta e irresponsable de vivir, de producir y de consumir.»[cxxix] Y eso, en estos tiempos de la modernidad, sigue siendo cierto.

Ahora bien, a Miguel se le olvidó mencionar que la mayoría de los Gobiernos –en especial los que están en los países occidentales– adoran los comportamientos consumistas y materialistas, al punto de que se pasan publicando propaganda con el fin de que los ciudadanos consuman –*de patológicas maneras*– bienes y/o servicios.

Por eso es que, por ejemplo, todos recordamos que George W. Bush, un borrachón que se convirtió en presidente de los *Estados Unidos de América* por medio de un fraude electoral, se pasaba manifestando palabras como las siguientes: «los animo a ir más de compras.»[cxxx]

Dicho eso, es obvio que salta a la vista una pregunta, a saber, ¿por qué muchos funcionarios públicos de alto nivel adoran y promueven los comportamientos consumistas y materialistas? Por la sencilla razón de que los comportamientos consumistas y materialistas, en especial en los países capitalistas, están estrechamente ligados a las «economías nacionales.»[cxxxi]

La tesis que está detrás de eso es que, si la mayoría de los habitantes de un país son *materialistas y/o consumistas*: (1) habrá espacio para la existencia de múltiples comercios; (2) habrá muchísimos puestos de trabajo dentro de la empresa privada; (3) el flujo de dinero será constante; y (4) existirán múltiples vías para que los ricos empresarios aumenten sus poderíos y riquezas.

Como se puede ver, esa poderosa adicción llamada consumismo –al igual que el materialismo– es el motor que mueve las economías de los países capitalistas. Por eso no es exagerado decir que el consumismo, desde una perspectiva económica, no es más que «una costumbre inducida por el sistema capitalista bajo el signo de la llamada economía del mercado, cuya filosofía consiste en mantener y acrecentar la planta productiva y comercial con el objeto de impulsar el desarrollo de la economía en general.»[cxxxii]

Dicho eso, debe haber notado que indiqué líneas arriba que el consumismo promueve la creación de empleos dentro de *los países capitalistas.* Pues bien, es necesario advertir que eso, poco a poco, ha ido cambiando. Por eso es que en muchos países desarrollados, ricos y capitalistas, como Estados Unidos de América, el consumismo: (1) ha dejado de generar muchísimos puestos de trabajo; y (2) ha dejado de ser una adecuada forma para alcanzar riqueza por medio de la creación de algún tipo de negocio relacionado con la venta de bienes.

¿Sabe por qué digo eso? Porque, en primer lugar, muchos de los puestos de trabajo que están relacionados con la manufactura de los bienes muebles que se pasan comprando los viciosos consumistas, han ido a parar a países pobres y corruptos: (1) en donde la mano de obra es barata; y (2) en donde las leyes permiten que los trabajadores sean explotados.

Por eso es que, por ejemplo, muchos de los puestos de trabajo que había en los EUA que estaban *directamente relacionados* con la fabricación de vestidos y baratijas han ido a para a Indonesia, México, Bangladés, República Dominicana, entre otros países pobres. Y a eso se añade, para perjuicio de los habitantes de *EE. UU.,* que muchos puestos de trabajo que estaban relacionados con la fabricación de ropas y artefactos tecnológicos han ido a parar a ese poderoso y rico país llamado China.

Otro asunto que no se puede pasar por alto, ya que también ha provocado que muchos puestos de trabajo hayan desaparecido, es que en muchos países capitalistas se han perdido muchísimos puestos de trabajo *—y se seguirán perdiendo—* debido a la utilización de máquinas a la hora de fabricar, procesar y/o empacar productos.

Y a eso se añade que en muchos países, como en los *Estados Unidos de América,* muchos comercios, después de haber botado a sus empleados, han tenido que cerrar sus puertas debido a que no pudieron competir con las empresas que venden productos por la red de Internet.

Habiendo llegado a este punto de la discusión, entiendo que no puedo cerrar esta sección del libro sin mencionar dos asuntos preocupantes que están relacionados con la economía de los Estados Unidos de América. Lo primero que tengo que mencionar es que la economía capitalista-consumista del mencionado país, ha dejado de ser adecuada.

Digo eso, además de por las razones antes mencionadas, ya que muchísimos dólares han dejado de circular dentro de EUA. Recuérdese que muchísimas empresas estadounidenses, con el fin de revender bienes muebles, gastan billones de dólares al año en la compra de productos que son fabricados en países extranjeros. Y muchos de esos billones de dólares, para perjuicio de la economía estadounidense, terminan en manos extranjeras.

A eso se añade que una enorme porción de las ganancias económicas que obtienen *muchísimas empresas estadounidenses*, por estar relacionadas con la reventa de bienes que se manufacturan en países extranjeros, terminan en manos de los directivos de las empresas. Es decir, los mencionados directivos envían enormes cantidades de dinero al extranjero con el fin de comprar bienes y, una vez reciben y venden dichos bienes, *obtener enormes ganancias.*[ccciii]

Y eso me lleva a decir que la mayoría de las empresas estadounidenses, por estar en el *negocio de la reventa de bienes* que se producen en el extranjero, ya no necesitan tener muchos empleados diestros dentro de los Estados Unidos de América. Lo más que necesitan son empleados que, además de cobrar el salario mínimo federal, meramente les ofrezcan servicios básicos a los consumidores. Como, por ejemplo, puestos de cajeras, conserjes, gondoleros, guardias de seguridad y empleados de almacén.

Explicado eso, me imagino que algunos se preguntarán cómo lo antes mencionado beneficia a los Gobiernos. Pues bien, cabe señalar que la mayoría de los funcionarios públicos de alto nivel que laboran en los Gobiernos que funcionan en los Estados Unidos de América *(locales, estatales y federal)*, que la mayoría de ellos tienen o han tenido relaciones con empresarios poderosos: (1) prefieren que existan muchas ricas, grandes y estables empresas comerciales –como Walmart, Coca Cola, Pepsi, Sears, Microsoft, Apple, Best Buy, entre otras–; y (2) no prefieren que existan muchas empresas pequeñas.

¿Sabe por qué? Por razón de que es más fácil fiscalizar a esas organizadas y ricas empresas, al igual que es más fácil recolectar los impuestos que están relacionados con las ventas y los salarios de los empleados, que a los pequeños comercios que siempre se han distinguido por ser fuentes de evasión contributiva.

VII. Guerras para imponer el capitalismo

Por otro lado, no puedo dejar de aprovechar esta oportunidad para decir que los funcionarios públicos de alto nivel y poder dentro de los países desarrollados, ricos y capitalistas: (1) patrocinan y protegen los comportamientos consumistas y materialistas; y (2) hacen todo lo posible para que los países pobres y fastidiados que se han convertido en gigantescas fábricas de bienes de consumo masivo –como Bangladesh y República Dominicana–, mantengan en vigencia las leyes que permiten el abuso y la explotación laboral.

Además de eso, no se puede pasar por alto que los mencionados funcionarios también realizan satánicas acciones: (1) para *apoderarse de los recursos naturales* de los países pobres y militarmente débiles; y (2) para *contaminar y destruir los recursos naturales* de los países que están en vías de desarrollo.

Tampoco se puede pasar por alto que los líderes políticos y empresariales de los países más ricos y desarrollados, como Estados Unidos de América y Reino Unido, se pasan realizando acciones con el fin de llevar, bajo el falso argumento de que se está llevando *la nunca existente democracia,* el satánico y explotador capitalismo a todas partes del mundo. Y todo ello, con el fin de aumentar las riquezas de los plutócratas que tienen las riendas gubernamentales y empresariales de los mencionados países.

El mejor ejemplo para explicar esto proviene de los Estados Unidos de América. Digo eso, en primer lugar, ya que es harto conocido que ese violento y vicioso país tiene tantas personas que adoran gastar combustibles fósiles que, para preocupación de los ambientalistas que únicamente utilizan *energías renovables*, se ha convertido en uno de los países que más consume petróleo extranjero.

También digo lo anterior, en segundo lugar, ya que es conocido el hecho de que el *Gobierno Federal de los Estados Unidos de América* –bajo la presidencia de ese afamado borrachón y criminal de guerra llamado George W. Bush–:

(1) fabricó evidencias para poder invadir —en 2003— a Irak;

(2) utilizó a la prensa para diseminar embustes y propaganda con el fin de que el populacho apoyara una abusiva e innecesaria invasión a Irak;

(3) mató a cientos de miles de iraquíes con el fin de apoderarse de los pozos petroleros de Irak; e

(4) hirió a más de un millón de iraquíes con el fin de que los habitantes de EUA y Reino Unido pudieran utilizar el petróleo de Irak en actividades domésticas, específicamente en actividades relacionadas con el consumismo, con el materialismo, con el placer y con el espectáculo.[cxxxiv]

Dicho eso, es obvio que la abusiva y fabricada invasión a Irak –que fue apoyada por muchísimos gobernantes de países extranjeros que hacían negocios con empresas estadounidenses– demostró que los países más poderosos: (1) siempre estarán dispuestos a invadir países que sean militarmente débiles con el fin de apoderarse de sus recursos naturales; y (2) siempre estarán dispuestos a fastidiar, explotar y beneficiarse de las personas que viven en los países invadidos.

Ahora bien, como los Gobiernos son reflejos de las personas que habitan en los países es necesario mencionar que la injusta y fabricada invasión a Irak, *al igual que los abusos cometidos en Afganistán,* demostró que la mayoría de los ciudadanos que viven en los países ricos, capitalistas y desarrollados, en caso de que sea necesario para mantener sus consumistas y materialistas estilos de vida, están dispuestos a apoyar que sus fuerzas armadas invadan países extranjeros –y que sean militarmente débiles– con el fin de apoderarse de sus recursos naturales.

En fin, es triste tener que reconocer que para la mayoría de los seres humanos que viven en los países capitalistas, ricos y desarrollados, tener combustibles fósiles *—aunque hayan sido violentamente arrebatados por sus fuerzas militares—* para gastarlos en actividades insignificantes, consumistas y/o materialistas es un asunto de extrema importancia.

Por eso es que, por ejemplo, la mayoría de los habitantes de los Estados Unidos de América —y dentro de ese grupo están los habitantes de Puerto Rico y otros territorios de EE. UU.— desean tener combustibles fósiles para, entre otras insignificantes acciones: (1) contaminar el ambiente; (2) asistir a actividades relacionadas con el embrutecedor mundo del espectáculo; (3) sentase frente a sus televisores con el fin de ver *programaciones chatarras y embrutecedoras;* (4) ver pornografía y estupideces faranduleras en la red de Internet; (5) desperdiciar horas de vida en las redes sociales electrónicas; y (6) hacer compras en los *"templos consumistas"*(centros comerciales).

Dicho eso, debe haber notado que mencioné antes que la mayoría de los gobernantes *—que regularmente reciben regalos por parte de los capitalistas—* adoran el consumismo, y que por eso siempre será raro ver y/o escuchar a gobernantes de países occidentales: (1) criticando los comportamientos consumistas; (2) condenando el materialismo; y (3) señalando los abusos que se ejecutan en nombre del capitalismo.

Pues bien, ahora debe saber que todos los gobernantes y políticos poderosos –que tienen accesos a informaciones científicas y secretas– de los países desarrollados y capitalistas llevan años escondiéndole a la humanidad un hecho innegable, a saber, que nuestro pequeño y contaminado planeta «no resistirá el ritmo de consumo que han alcanzado los países desarrollados y que los países en vías de desarrollo y emergentes quieren alcanzar.»[cxxxv]

Por eso siempre he creído que los empresarios y políticos que apoyan el *sistema económico capitalista-consumista* son, por decir lo menos, unos viles irresponsables. Esas personas saben que la contaminación y destrucción ambiental, al igual que la desaparición de las tierras agrícolas, son unos asuntos preocupantes.

Los mencionados políticos saben, además, que la situación está tan peligrosa que lo ideal sería: (1) gastar enormes sumas de dinero en campañas propagandísticas con el fin de concienciar a los *embrutecidos humanos* sobre los estragos ambientales y sociales que ocasionan las conductas consumistas y materialistas; y (2) aprobar rigurosas leyes con el fin de proteger las tierras agrícolas.

Ahora bien, sé que lo antes mencionado pertenece a la dimensión utópica. Digo eso ya que a la mayoría de los actuales gobernantes, al igual que a la mayoría de los gobernantes que habrá en el futuro, no les importan demasiado los asuntos ambientales. Por eso siempre he creído que los políticos, al igual que los empresarios que tienen las riendas de *las empresas más poderosas y contaminantes,* serán los principales causantes de que las futuras generaciones vivan en un planeta: (1) que no tendrá los recursos necesarios para alimentar a tanta gente; (2) altamente contaminado; y (3) en donde las muertes por la contaminación ambiental serán constantes y numerosas.

Dicho eso, sé que algunas personas pudieran preguntarse lo siguiente: ¿no es exagerado decir que los políticos más poderosos de los países ricos y capitalistas serán, junto a los dueños de las empresas más contaminantes, los principales causantes de la hecatombe ambiental que se avecina?

Para beneficio de esas personas, que seguramente adoran los asuntos que están relacionados con el embrutecedor mundo del espectáculo, la interrogante tiene que ser contestada en la negativa. ¿Sabe por qué? Porque si se analiza con gran cautela lo que están haciendo la mayoría de los gobernantes del mundo, en especial los que gobiernan países que están llenos de facilidades contaminantes, veremos que están llevando al mundo a experimentar: (1) una contaminación ambiental sin precedentes; y (2) *una crisis alimentaria* sin precedentes

Habiendo llegado a este punto de la discusión, es forzoso concluir que la mayoría de los poderosos políticos que hay en los países desarrollados, contaminantes y capitalistas: (1) viven sus vidas pensando que, después de sus muertes, no vivirán seres humanos que necesiten de un planeta limpio; y (2) aprueban leyes y cursos de acción sin tener en cuenta a las futuras generaciones.

VIII. Gobierno, crisis y consumismo

Es pertinente hacer notar que uno puede ver el enorme poder que tiene el consumismo, sobre la mente humana, cuando hay crisis económicas. Digo eso ya que cuando hay crisis económicas, llámense recesiones o depresiones económicas, uno puede notar que muchos trabajadores que pertenecen a las clases sociales pobres y fastidiadas, poniendo en peligro su propio bienestar y el bienestar económico de sus familiares, siguen comprando porquerías, al igual que asistiendo a eventos relacionados con el *embrutecedor mundo del espectáculo popular,* como si nada estuviese ocurriendo.[cxxxvi]

Ahora bien, es obvio que salta a la vista una pregunta, a saber, ¿qué tiene que ver el Gobierno con las conductas consumistas y materialistas durante las crisis económicas? Para contestar esa interrogante, comienzo diciendo que los políticos que tienen las riendas de *los países capitalistas y desarrollados* adoran que haya mucho consumismo y materialismo durante las crisis económicas. Por razón de que creen que, por medio de los comportamientos consumistas y materialistas, se puede reactivar «la economía.»[cxxxvii]

Por eso uno puede ver que, durante las crisis económicas, los gobernantes de los países ricos y desarrollados hacen múltiples gestiones: (1) para enganchar a la gente con el consumismo; (2) para facilitar la creación de negocios dedicados a la venta de servicios y/o de bienes muebles; y (3) para ofrecer ayudas gubernamentales destinadas a la compra de bienes inmuebles.[cxxxviii]

Es de tomar en cuenta, además, que en los mencionados países uno puede ver que los comercios, incluidos los medios de comunicación que están en manos privadas, también realizan enormes esfuerzos para mantener, en buenos estados, los *comportamientos consumistas y materialistas* durante las crisis económicas. Y uno de esos esfuerzos, para beneficio de los consumistas, es bajar los precios de los servicios y/o productos que ofrecen.

De hecho, hay comercios que bajan tanto los precios de algunos de los bienes que venden que, indudablemente, casi ningún consumista puede pasar por alto tales precios. Por eso es correcto decir que dichas acciones demuestran que, durante las crisis económicas, siempre habrá comercios que ofrecerán «casi a gritos sus mercancías.»[cxxxix]

Debe haber notado que mencioné que los medios de comunicación que están en manos privadas, también hacen ajustes con el fin de mantener *el comportamiento materialista y consumista* en buen estado durante las crisis económicas. Pues bien, esos ajustes están relacionados con bajar los precios de sus espacios de publicidad.

Por medio de esos ajustes, además de garantizarse una considerable porción de ganancias, los medios de comunicación permiten: (a) que los comercios sigan pautando anuncios con el fin de que los consumistas abarroten sus tiendas; y (b) que los fabricadores y vendedores de bienes muebles sigan informando sobre sus productos.

IX. No hay esperanzas

Vimos antes que la inmensa mayoría de los consumistas, que actualmente son millones, son unos chalados adictos que necesitan recibir ayudas profesionales. También vimos que *los consumistas,* constantemente, tienen pensamientos como el siguiente: «mientras (...) gastes lo que tienes, mientras más rápido reemplaces -por otros nuevos- tus muebles, tu auto, tu ropa, mientras más necesidades te crees y más rápidamente lo hagas, tanto mejor.»[cxl]

Dicho eso, me imagino que le prestó atención al hecho de que dije que, actualmente, hay millones de consumistas dentro de este pequeño planeta. Pues bien, sobre ese asunto tengo que decir que un estudio realizado por investigadores del **Instituto Worldwatch**, con sede en Washington, D.C., demostró que poco más «del 25% de la población mundial ha sucumbido al consumismo.»[cxli]

Es, indubitablemente, *motivo de consternación* ver que hay muchísimos consumistas. Pero más consternación produce el hecho de que existan tantos consumistas a pesar de que, tanto en papel como en formato electrónico, hay muchísimas fuentes de información: (1) que certifican que todo ser humano debe alejarse del consumismo y del materialismo; y (2) que demuestran, con claros ejemplos y sencillas palabras, los daños que ha estado ocasionando el sistema económico basado en el capitalismo-consumismo.

Y sobre esto último, cabe recordar que a través de la historia han existido buenos pensadores que nos han hablado sobre los asuntos negativos que están relacionados con los comportamientos consumistas y materialistas. Así, por ejemplo, todos recordamos que el **Dr. Benjamín Franklin**, un afamado científico y político estadounidense, dejó claramente establecido que toda persona que gaste «menos de lo que gana ha encontrado la piedra filosofal.»[cxlii]

También recordamos que *Thomas Jefferson*, tercer presidente de los Estados Unidos y autor principal de la Declaración de Independencia de los Estados Unidos, manifestó que las personas no deben gastar su «dinero antes de ganarlo.» [cxliii] En otras palabras, Jefferson nos quiso decir que nos alejemos del crédito.

Y si no podemos olvidar las sabias palabras de Jefferson, tampoco podemos olvidar lo que nos enseñó el maestro *Lucio Anneo Séneca*. Según el maestro **Séneca**, en juicio que compartimos, las personas sólo deben comprar lo necesario ya que «lo innecesario, aunque cueste sólo un céntimo, es caro.»[cxliv]

Dicho eso, es necesario aclarar que las mencionadas enseñanzas: (1) son una pequeñísima fracción de las innumerables enseñanzas que nos ilustran sobre los asuntos negativos que están relacionados con el consumismo; (2) demuestran que muchas de las grandes mentes siempre han estado preocupadas por el comportamiento consumista y materialista; y (3) certifican que no existe –*ni existirá*– una lógica razón que sustente el comportamiento consumista.

Aclarado ese asunto ahora es necesario recordar que las mencionadas enseñanzas, que han sido obviadas por billones de personas durante los últimos dos siglos, también nos demuestran: (1) que una enorme porción de la raza humana no está interesada en aprender sobre los asuntos negativos que estén relacionados con el consumismo y con el materialismo; y (2) que otra enorme porción de la raza humana desconoce que el consumismo es una perjudicial adicción.

Ahora bien, lo más curioso sobre el punto número uno antes mencionado es que, dentro de ese enorme grupo idiotas hay –y ha habido– un montón de *embrutecidos consumistas* que practican religiones: (1) que condenan los comportamientos consumistas y materialistas; y (2) que indican que el materialismo es obra de los inexistentes demonios. Y eso demuestra que muchos creyentes, en estos tiempos, practican sus respectivas religiones de unas hipócritas maneras.

Digo eso ya que, por ejemplo, en Puerto Rico hay muchísimas *embrutecidas y charlatanas cristianas* que, luego de criticar las preferencias sexuales de los miembros de la comunidad lésbica, gay, bisexual, transexual y transgénero, se pasan en los centros comerciales: (1) comprando porquerías; y (2) comprando bienes muebles que fueron fabricados en países en donde los mal pagados trabajadores son laboralmente explotados.

Y se acopla a ese enorme grupo de hipócritas e idiotas todas y todos esos entontecidos cristianos que, después de haber criticado las conductas sexuales de los jóvenes, se pasan gastando enormes sumas de dinero -en la compra de regalos- durante las épocas navideñas. Al parecer, todos esos embrutecidos cristianos se han olvidado de que *Jesús,* el clavado profeta del cristianismo que nunca existió, dijo «que el valor de la vida no se puede medir o no se puede vincular estrictamente a lo material, a la adquisición de bienes y la felicidad que producen.»[cxlv]

Como ha visto, el consumismo llegó para quedarse hasta el final de los tiempos. Digo eso ya que, en primer lugar: (1) *las religiones* no han podido eliminar ni minimizar el rampante consumismo; (2) las enseñanzas de los filósofos no han podido minimizar las conductas consumistas; y (3) los maestros de los adolescentes no han podido evitar que la inmensa mayoría de sus estudiantes terminen en las garras del materialismo y/o en las fauces del consumismo.

También digo lo anterior, en segundo lugar, ya que los medios de comunicación tienen —*y seguirán teniendo*— una fuerte presencia. Y esa fuerte presencia, que se ha utilizado para embrutecer a la raza humana, se encargará: (a) de seguir diciéndoles a las personas que deben vestirse y comportarse como muchos de esos artistas y deportistas del embrutecedor mundo del espectáculo; y (b) de seguir promocionando «modos de vida ajenos a las realidades de los pueblos.»[cxlvi]

En tercer lugar, valga saber que digo y sostengo que el consumismo no desaparecerá ya que millones de menores de edad, diariamente, están siendo severamente embrutecidos: (1) por los medios de comunicación; y (2) por medio de toda esa publicidad que promueve el comportamiento consumista y materialista. Y tenga en cuenta que en el futuro, cuando los embrutecidos y materialistas menores de hoy sean adultos, el embrutecimiento de los menores de edad será más intenso. Por lo que los comportamientos consumistas, al igual que los comportamientos materialistas, serán la norma.

Dicho eso, es necesario hacer un pequeño paréntesis en la discusión para decir que en muchísimas partes del mundo, *como en Puerto Rico y Nueva York,* los comportamientos consumistas y materialistas ya se han convertido en la norma. Por eso es que si usted va a esos lugares notará que la gente, por estar severamente embrutecida, «no se fija en la profundidad de tu mirada, en el valor de tus palabras, en tu capacidad de ternura y comprensión. Te mira la apariencia, el traje, el modelo de coche y hasta la marca del móvil.»[cxlvii]

Cerrado el paréntesis, debe haber notado que mencioné que los menores de edad, en muchísimas partes del planeta, están siendo severamente embrutecidos por medio de la publicidad. Pues bien, sobre ese lamentable asunto debo mencionar que en los países capitalistas, desarrollados y consumistas, como Estados Unidos de América, el embrutecimiento de los menores de edad es tan potente y masivo que se estima que, cuando lleguen a la edad de dieciocho años, han visto poco más de «*350,000 anuncios publicitarios* a través de diferentes medios.»[cxlviii]

Resulta importante destacar, además, que los menores de hoy están siendo tan severamente embrutecidos por medio de la publicidad, de las películas y de los programas de televisión que, tristemente, ahora en normal que muchísimos menores de edad les digan a sus progenitores que, por sentirse insatisfechos con sus apariencias físicas, les paguen cirugías cosméticas.

Por eso es que esas creadas e incoherentes *insatisfacciones con los aspectos físicos* han ocasionado: (1) que muchos cirujanos plásticos se hayan especializado en la operación de menores de edad y se hayan convertido en personas ricas; y (2) una preocupante alza en los casos de menores de edad realizándose, con el permiso de sus encargados, cirugías cosméticas.[cxlix]

Para que usted vea hasta dónde ha llegado el preocupante asunto de *menores de edad sometiéndose a cirugías cosméticas,* movámonos a España. Allí, según una investigación realizada por investigadores de la **Universidad Autónoma de Barcelona**, el diez por ciento de las cirugías cosméticas tienen un dato en común, a saber, menores de edad que no están satisfechos con sus cuerpos.[cl]

Habiendo llegado a este punto de la discusión, es forzoso realizar varias conclusiones. Lo primero que tengo que decir es que los medios de comunicación que, en el futuro, estén en manos privadas convertirán, con la ayuda de las empresas que fabriquen productos de consumo masivo, a los seres humanos, en especial a los habitantes del primer mundo: (1) en meras «billeteras andantes»; (2) en seres que utilizarán asuntos consumistas, materialistas y faranduleros para otorgar empleos y contratos; (3) en seres que convertirán algunas de las marcas comerciales más exclusivas en pequeños cultos; y (4) en seres que convertirán algunos centros comerciales en pequeñas ciudades.[cli]

Lo segundo que tengo que mencionar, es que la experiencia me ha enseñado que en estos tiempos —*y será igual en el futuro*— es una fútil acción estar diciéndoles a los consumistas y materialistas, en especial a los que pertenecen a las clases sociales trabajadoras y pobres, que abandonen sus comportamientos materialistas y consumistas. ¿Sabe por qué digo eso? Porque pedirles eso a los mencionados embrutecidos es, por así decirlo, «como pedirles que dejen de respirar.»[clii]

Lo tercero que tengo que mencionar es que nuestro planeta está, además de contaminado, sobrepoblado. Y esa sobrepoblación ha ocasionado —*y en el futuro será peor*— que los recursos naturales que se utilizan para satisfacer las necesidades básicas, peligrosamente, ya no sean suficientes.

Por cierto, mi señalamiento coincide con lo que ha manifestado el *Instituto Worldwatch*. Digo eso ya que una investigación realizada –y dada a conocer en 2004– por investigadores de ese instituto, que está ubicado en los Estados Unidos de América, demostró que *la sobrepoblación mundial es la principal causante* de que se estén consumiendo, a un peligroso ritmo, los recursos naturales «de los que todos dependemos.»[cliii]

Otro análisis que debo mencionar, ya que coincide con mi tesis, fue uno que fue realizado por investigadores del *Fondo Mundial para la Naturaleza*. Según los resultados de ese análisis, que fueron dados a conocer en 2011, «la población mundial utilizó el equivalente a 1,5 planetas para abastecerse en 2007, y si se mantienen las tendencias actuales se calcula que se necesitarán dos planetas para atender las demandas en 2030 y tres en 2050.»[cliv]

Capítulo tres
El consumismo electrónico

I. Consumismo electrónico

La red de Internet, indudablemente, ha sido uno de los inventos más importantes de la raza humana. Tanto así que, según mi opinión, se puede considerar de igual magnitud e importancia que el invento de la imprenta. ¿Y por qué comparo a la red de Internet con la imprenta? Puesto que la red de Internet ha demostrado ser, además de un valiosísimo invento, una excelente herramienta: (1) para difundir información; y (2) para recolectar información.

Se suma a eso que la red informática mundial, descentralizada y formada por la conexión directa entre computadoras mediante un protocolo especial de comunicación, para beneficio de la humanidad, también ha demostrado ser una gigantesca «biblioteca de la conciencia global, una colección digital de conocimiento humano del pasado y presente, presentado en un formato de fácil acceso.»[clv]

Como si lo anterior no fuera suficiente, también hay que recordar que la Internet se ha convertido en una poderosa arma en contra de los Gobiernos tiránicos. Digo eso ya que la Internet le ha permitido a los ciudadanos, como ha pasado en Egipto durante este siglo XXI: (1) organizarse; (2)

intercambiar ideas políticas; y (3) establecer planes de batalla social para enfrentarse a los tiranos.

En fin, si se analiza lo que he estado diciendo con profundidad se podrá notar que la red de Internet, particularmente en los países que tienen – o han tenido– gobernantes cabrones, le «ha dado poder a la gente común.» Y ese poder ha sido tan formidable que, incluso en los mencionados países, la gente común ha podido organizarse «para tener un impacto en el proceso político» de sus respectivos países.[clvi]

Ahora bien, es necesario reconocer que no todo es fantástico cuando hablamos sobre *la red mundial de computadoras u ordenadores interconectados* mediante un protocolo especial de comunicación. Digo eso ya que, en primer lugar, es harto conocido que muchos criminales utilizan la red de Internet para cometer fechorías. Así, por ejemplo, sabemos que los pornógrafos infantiles utilizan la red de Internet para vender, prestar e intercambiar sus grotescos materiales.

También sabemos que muchísimos *traficantes de substancias controladas*, han estado utilizando la red de Internet para vender sus productos. Eso me ha hecho recordar un caso que ocurrió en España. Allí, en 2011, la Policía arrestó a varios traficantes que vendían *esteroides anabólicos* por medio de la red informática mundial, descentralizada y formada por la conexión directa entre computadoras mediante un protocolo especial de comunicación.[clvii]

Debe tenerse en cuenta, como parte de los asuntos negativos, que la Internet ha llevado los comportamientos consumistas y materialistas a la esfera electrónica, o sea, ha creado *el consumismo electrónico*. Sobre ese asunto, no está de más indicar que por medio del consumismo electrónico: (1) los consumistas –al igual que los materialistas– pueden compran sus porquerías favoritas por medio del comercio electrónico; y (2) los consumistas y materialistas pueden realizar, a distancia, acciones típicas del consumismo y del materialismo presencial. *Me explico.*

Por medio del consumismo electrónico, los consumistas y materialistas: (1) se pasan realizando compras electrónicas por el simple hecho de comprar; (2) compran electrónicamente bienes lujosos y costosos; y (3) utilizan las tarjetas de crédito para comprar los bienes que más desean.

A eso se añade que los consumistas, al poder entrar a las páginas electrónicas de los comercios, también pueden realizar acciones relacionadas con *el "window shopping" electrónico*. Es decir, los consumistas y materialistas pueden, sin tener la inmediata intención de comprar bienes muebles, pasar horas frente a los monitores de sus computadoras viendo los bienes que están en venta en las páginas electrónicas de los comercios.[clviii]

Pero esto se torna más kafkiano. ¿Sabe por qué? Porque los adelantos tecnológicos han permitido que los comercios que tienen una fuerte presencia en la red de Internet se hayan inventado el «*lunes cibernético*.» Es necesario mencionar que el «lunes cibernético», que en los Estados Unidos de América se lleva a cabo el lunes siguiente al Día de Acción de Gracias, es un día en donde se le rinde culto al consumismo.

Pero, a diferencia del «viernes negro», el «lunes cibernético» es para rendirle culto al consumismo electrónico. Es decir, es un día para que los consumistas, materialistas y narcisos compren bienes por medio de la red mundial de computadoras u ordenadores interconectados mediante un protocolo especial de comunicación. Y para lograr eso, los comercios que tienen presencia en la red de Internet «realizan una serie de *descuentos y promociones* que llaman al consumo.»[clix]

Con eso en mente, cabe mencionar que el «lunes cibernético» es, por lo menos en los Estados Unidos continentales, «el día de mayor consumo» por medio de la red mundial de computadoras u ordenadores interconectados mediante un protocolo especial de comunicación. ¿Sabe por qué digo eso? Porque se estima, conservadoramente, que las empresas estadounidenses que venden productos electrónicamente se reparten, durante el mencionado día, una ganancia que sobrepasa los mil millones de dólares.[clx]

Por otro lado, es importante mencionar que el fenómeno del consumismo electrónico es tan preocupante que muchas *instituciones de educación superior:* (1) han establecido cursos que estudian ese fenómeno; y (2) han publicado estudios sobre el consumismo electrónico.

Lo acabado de mencionar me ha hecho recordar un estudio que realizaron investigadores de la Escuela de Negocios de Europa, ubicada en España. Según los hallazgos de dicha investigación, que fueron dados a conocer en 2011, *los consumistas electrónicos* tienen casi los mismos patrones de conducta que los consumistas presenciales.

A eso se añade que, dicho estudio también reveló las tendencias que tienen los consumidores al comprar por la Internet. Así, por ejemplo, el estudio reflejó que «las mujeres son más propensas a comprar productos de alimentación por Internet que los hombres. Ellos, sin embargo, tienden a la compra de productos y *gadgets* electrónicos [...]. Los adolescentes compran más ropa y material deportivo.»[clxi]

Habiendo discutido todo lo anterior, es forzoso concluir que la red mundial de computadoras u ordenadores interconectados mediante un protocolo especial de comunicación: (1) fomenta el comportamiento consumista y materialista; y (2) «se ha convertido en un canal (...) de compra de todo tipo de productos.»[clxii]

Capítulo cuatro
El consumismo religioso

I. Consumismo religioso

Por otro lado, no se puede olvidar que también existe lo que se llama el **consumismo religioso**. *¡Sí, así es!* Dentro del mundo religioso también hay un consumismo rampante y, sobre todo, desordenado. De hecho, en muchísimos países los atontados creyentes se pasan gastando enormes sumas de dinero: (1) en la compra de bienes religiosos e innecesarios; (2) en la compra de boletos para asistir a espectáculos relacionados con la música religiosa; y (3) en la compra de música – discos compactos y canciones vendidas en línea– relacionada con asuntos religiosos.

Así, por ejemplo, si damos una vuelta por América –*particularmente por Latinoamérica*– veremos que muchos embrutecidos creyentes, todos los años, gastan millones de dólares en la compra: (1) de crucifijos de aluminio, oro, madera y/o plata; (2) de estatuas e imágenes de santos, dioses, *vírgenes paridoras de muchachitos*, entre otros personajes religiosos; (3) de aceites y tierras dizque milagrosas; (4) de cuadros religiosos; (5) de pócimas dizque mágicas; y (6) de estampitas, rosarios y novenas. En fin, la lista de los artículos *chatarra-religiosos* que son comprados por los creyentes es enorme.

Para que usted vea el montón de dinero que gastan los creyentes en artículos religiosos, no está de más que mencione los resultados de un curioso análisis que realizó la empresa **Hallmark**, ubicada en los Estados Unidos de América. Según los hallazgos de ese análisis, que fueron dados a conocer en 2005, los cristianos (a nivel mundial) gastaron poco más de cuatro billones de dólares –*en 2002*– en la compra de bienes muebles relacionados con el depresivo cristianismo.[clxiii]

Dicho eso, es necesario mencionar que el *consumismo religioso* tiene una notable peculiaridad, a saber, que muchísimos creyentes piensan que algunas de las porquerías religiosas que se pasan comprando sirven para acercarse a sus inventados e inexistentes seres sobrenaturales. Así, por ejemplo, por ahí hay muchísimas pendejas que, debido a su *enorme embrutecimiento*, piensan que comprando y encendiendo velas pueden comunicarles sus ideas y deseos a sus inexistentes seres sobrenaturales.[clxiv]

También están todos esos *atolondrados consumistas* que, debido a que han sido severamente embrutecidos con los asuntos religiosos, se pasan comprando collares, esculturas y cuadros religiosos por motivo de que piensan que esas porquerías: (1) pueden dizque protegerles de los males de la vida; y (2) pueden dizque ayudarles a comunicarse con los inexistentes seres sobrenaturales que han creado dentro de sus perturbados cerebros.

Pero esto se torna más chalado. *¿Sabe por qué?* Porque hay millones de consumistas que, debido a que han sido religiosamente idiotizados, tienen la chalada creencia de que si se pasan comprando porquerías religiosas sus inventados dioses se alegrarán. Y también están todos esos chalados creyentes que piensan que si colocan frutas, velas, carnes, vegetales y/o dinero en efectivo en ciertos lugares, como en los templos, sus inexistentes seres sobrenaturales les premiarán con ayudas divinas.[clxv]

Otra *cuestión incoherente* dentro del consumismo religioso, es que hay muchísimos consumistas que creen que por ahí hay ciertos lugares: (1) que son sagrados; (2) que son mágicos; y/o (3) que están habitados por inexistentes seres sobrenaturales. Y en aras de sentirse *dizque conectados* con sus inexistentes seres y/o poderes sobrenaturales, gastan enormes sumas de dinero en viajes, comidas y estadías al acudir a esos lugares.

Un buen ejemplo sobre eso está relacionado con el Estado de la Ciudad del Vaticano. Digo eso ya que, en primer lugar, millones de cristianos creen que ese satánico lugar, en donde se planificaron cientos de miles de *asesinatos, torturas y mutilaciones*, es dizque sagrado. También digo lo anterior, en segundo lugar, por razón de que millones de cristianos han hecho todo lo posible, incluyendo enormes sacrificios económicos, para acudir a ese viejo y satánico lugar.

Ahora bien, lo más chiflado de ese tipo de consumismo religioso es que: (1) le genera enormes ganancias económicas a los dueños de los hoteles y restaurantes; (2) le genera enormes ganancias económicas a los dueños de las líneas aéreas y de las compañías que se dedican al transporte de personas; (3) le genera enormes ganancias económicas a los dirigentes del Estado de la Ciudad del Vaticano; y (4) muchos embrutecidos cristianos creen que al personarse a ese satánico lugar, obtendrán dizque algún tipo de conexión con los inexistentes seres sobrenaturales del cristianismo.

Otro buen ejemplo que demuestra el enorme poder de embrutecimiento que tiene el *consumismo religioso,* está relacionado con los viajes a Jerusalén, Israel. Digo eso ya que millones de cristianos: (1) creen que el clavado Jesucristo –que meramente es un personaje de la ciencia ficción religiosa– orinó, defecó, vomitó y murió en el mencionado lugar; (2) creen que acudiendo a Jerusalén pueden dizque conectarse con Jesucristo y con los inexistentes seres sobrenaturales del cristianismo; y (3) gastan – y han gastado– enormes sumas de dinero en pasajes, estadías y comidas en Israel.

Pero esto se torna más incoherente todavía. ¿Sabe por qué? Por razón de que millones de cristianos consumistas, al llegar a Israel: (1) se pasan besando la asquerosa tierra de Jerusalén; (2) compran paquetitos de tierra de Jerusalén; (3) compran imágenes de Jesucristo y/o de otros personajes de la ciencia ficción cristiana; y/o (4) caminan de rodillas por las calles de Jerusalén.

Dicho eso, es necesario realizar un paréntesis en la discusión para realizar una aclaración. ¿Y cuál es la aclaración? En primer lugar, que únicamente he estado escribiendo sobre asuntos consumistas de índole cristiano. Y en segundo lugar, que también existe el consumismo mahometano, judío, hindú, budista, espiritual, entre otros.[clxvi]

Cerrado el paréntesis ahora tengo que decir que, he dejado para lo último la actuación consumista más chalada que se pasan ejecutando los creyentes. *¿Se imagina cuál es?* Como sé que no lo sabe, le digo que está relacionada con las ofrendas de carácter religioso.

Digo eso ya que millones de creyentes creen, entre otras sandeces, que los inexistentes dioses y seres sobrenaturales que han creado dentro de *sus perturbadas mentes* les han dicho: (1) que gasten dinero con el fin de que les ofrezcan dones y sacrificios; y (2) que les regalen dinero a los líderes religiosos.

Es indudable que esas chifladas creencias han ocasionado, a lo largo de la historia: (1) que muchísimos líderes religiosos se hayan convertido en personas ricas y poderosas; y (2) que muchos creyentes hayan dejado de comprar bienes necesarios para el sustento personal y familiar.

Dicho eso, me imagino que usted pueda estar preguntándose lo siguiente: ¿por qué las ofrendas de carácter religioso son parte del *consumismo religioso?* Porque muchos de los embrutecidos creyentes que ejecutan las mencionadas sandeces: (1) creen que no pueden vivir sus vidas sin realizar las ofrendas; (2) se sienten felices al saber que realizaron las ofrendas; (3) suelen contarles a otras personas sobre las ofrendas que han realizado; y (4) se sienten mal –*emocionalmente*– cuando no pueden presentar las mencionadas ofrendas.

No olvide, además, que los creyentes que se pasan comprando bienes para ofrendarlos, al igual que los creyentes que piensan que el dinero es una buena ofrenda de carácter religioso, están tan embrutecidos que creen que, a cambio de sus ofrendas, recibirán inexistentes ayudas divinas.

Capitulo cinco
El consumismo académico

I. Credencialismo

Ahora voy a discutir un tipo de consumismo que, además de ser muy peculiar, está mayormente relacionado con personas que pertenecen: (1) a la clase alta; y (2) a la clase media alta. Sobre eso, comienzo diciendo que ese tipo de consumismo se llama el *consumismo académico*. Y el consumismo académico no es otra cosa que: (a) desear obtener múltiples e innecesarios títulos académicos; y (b) gastar enormes cantidades de dinero con el fin de *obtener múltiples e innecesarios* títulos académicos.

Cabe señalar que lo más curioso de ese tipo de consumismo es que, además de ser costoso, la inmensa mayoría de los consumistas desean obtener sus innecesarios títulos académicos: (1) para jactarse y vanagloriarse; y (2) para creerse –y hacer creer– que son personas *dizque inteligentes*. Por eso es que los consumistas académicos son fáciles de identificar.

¿Y cómo usted puede saber que está en presencia de un consumista académico? Cada vez que usted vea que una persona, ya sea durante una conversación rutinaria y/o en una página personal y electrónica (en la Internet), se pasa manifestando que tiene *seis o más títulos académicos*, indudablemente, está en presencia de un consumista académico.

Otro interesante asunto que debe saber sobre las personas que han sido atrapadas por el consumismo académico es que, con notables excepciones, no están interesadas en realizar contribuciones significativas: (1) en favor de la ciencia; y/o (2) en favor de las letras humanas. Lo más que desean esas personas es satisfacer sus egos.

Dicho eso, es importante hacer una aclaración. No estoy diciendo que educarse universitariamente sea algo inadecuado. Tampoco estoy diciendo que obtener, luego de enormes sacrificios intelectuales, un postdoctorado y/o un doctorado sea un asunto que esté relacionado con el consumismo académico. De hecho, siempre he pensado que las personas –en la medida de lo posible– deben hacer gestiones: (1) para realizar estudios doctorales y –ya que son contribuciones al conocimiento humano– tesis doctorales; y (2) para realizar estudios postdoctorales con el fin de realizar investigaciones especializadas.

Estoy en contra de gastar fuertes sumas de dinero con el fin de, por ejemplo, obtener *tres o cuatro maestrías* que no requieran la elaboración de tesis de grado. También estoy en contra de que se gasten fuertes sumas de dinero con el fin de obtener tres o cuatro licenciaturas.

¿Y por qué estoy en contra de acciones como las mencionadas? En primer lugar, por motivo de que es una gran pérdida de tiempo, dinero y energía. De hecho, los consumistas académicos se olvidan de que, a pesar de haber pasado tanto tiempo en los salones de clase: (a) se morirán; y (b) sus diplomas serán arrojados a los trastos de basura una vez mueran.

Por eso siempre he pensado que toda persona, luego de obtener un postdoctorado y/o un doctorado académico: (1) debe dedicarse a estudiar por cuenta propia; y (2) debe escribir monografías, artículos científicos, comentarios periodísticos y libros especializados. Además, debe utilizar su inteligencia para escribir libros de divulgación popular. ¿Sabe para qué? Para que nosotros, los ciudadanos de a pie, podamos comprender asuntos técnicos y especializados que, de no escribirse y explicarse de forma popular, resultan muy difíciles de comprender.

Dicho eso, note que mencioné que estoy a favor de que las personas cursen estudios a nivel graduado. Ahora bien, estoy en contra de que las personas cursen estudios doctorales con el único fin de poder llamarse doctores. ¿Sabe por qué? Porque esas personas, por lo regular, les hacen un flaco servicio a la ciencia y al *conocimiento humano*.

Digo eso ya que muchas personas que obtienen grados doctorales con el único interés de satisfacer sus enfermizos egos: (1) se alejan de la producción de data confiable; (2) no escriben libros valiosos; (3) no imparten clases *a nivel universitario;* y (4) se pasan diciendo y escribiendo por todas partes que son doctores.

Cabe mencionar, sobre el mismo asunto, que la mayoría de las personas que realizan costosos y agotadores estudios doctorales: (1) lo hacen ya que desean ser llamados doctores; (2) no desean dedicarse a la *búsqueda de la verdad* por medio de investigaciones; y (3) no desean utilizar la mayor parte del tiempo –como lo hizo el Dr. Albert Einstein y el Dr. Sigmund Freud– para estudiar, pensar y publicar.

Mencionado eso, cabe realizar la siguiente pregunta: ¿cómo podemos identificar a una persona que cursó estudios doctorales con el fin de satisfacer su enfermizo ego? Cada vez que usted vea que una persona, luego de haber realizado estudios doctorales, requiera que se le llame doctor durante actividades sociales, está en presencia de una persona que obtuvo un grado doctoral con el principal interés de satisfacer su afectado ego.

También está en presencia de una persona que obtuvo un grado doctoral con el principal interés de satisfacer su afectado ego cuando, por ejemplo, vea a una persona que, sin estar al nivel intelectual de los doctores Frederick Sanger & John Bardeen –entre otros grandes genios–, se pasa escribiendo en todas partes que es doctor.

Contestada la interrogante ahora es necesario recordar, para beneficio de los pendejos que se dejan impresionar con facilidad, que una persona que haya obtenido un grado doctoral no es mejor que nadie. De hecho, la experiencia y la historia demuestran que una persona que haya obtenido uno o dos doctorados no es, por lo regular, la máxima autoridad dentro de un área del saber. Inclusive, hay circunstancias en donde los grados doctorales no demuestran nada. Así, por ejemplo, la educación doctoral no sirve para que un individuo pueda componer como Beethoven.

En fin, siempre debe recordar que los títulos académicos que están relacionados con las bellas artes, que últimamente han estado mercadeándose fuertemente, no valen (para los torpes) casi nada. Toda vez que, como ha enseñado la experiencia, ninguna persona puede llegar a ser un gran maestro del arte a menos que tenga: (1) gran perseverancia; y (2) las destrezas y aptitudes necesarias.

Otro asunto que deben tener presente los consumistas de diplomas, en especial los torpes que adorarían tener –o que tienen– títulos académicos que estén relacionados con las artes bellas, es que el título o rango más alto que se puede obtener dentro del arte es *Maestro(a)*.

Cabe señalar que, dicho título o rango no se puede obtener por medio de un título académico. Esa importantísima distinción, para beneficio del arte, únicamente se le otorga a un artista que, a través de los años, ha demostrado tener un talento increíble. *¿Y quién o quiénes son los que están a cargo de nombrar a los maestros del arte?* Por lo regular: (1) los críticos de arte; y (2) otros artistas de elevado talento y distinción.

Habiendo llegado a este punto de la discusión, no se puede más que concluir que dan lástima todos esos consumistas que, influenciados por la peligrosa publicidad universitaria, han gastado montones de billetes y energías para obtener, innecesariamente, un sinnúmero de títulos académicos. Hubiese sido mejor que esas personas, como —por ejemplo— las que han logrado obtener tres o cuatro maestrías sin realizar tesinas, hubiesen utilizado sus energías: (1) para escribir libros valiosos; (2) para realizar investigaciones; y (3) para convertirse en autodidactos.

En fin, todas las personas que se han convertido en "consumistas de diplomas" deben recordar que realizar obras válidas —como escribir y publicar libros y monografías—, al igual que estudiar por cuenta propia, es más importante que llenar las paredes con diplomas.

II. Compra de títulos fatulos

Por otro lado, no se puede dejar de mencionar que hay malhechores tan sagaces que han notado que, alrededor del mundo, hay millones de personas que adoran el consumismo académico. Eso ha provocado que en algunos países, la mayoría de ellos en los Estados Unidos de América, haya malhechores que se dediquen a vender títulos académicos fatulos por medio de universidades fraudulentas.[clxvii]

Es de saber que una universidad fraudulenta, también conocida como *molino de diplomas*, es una corporación o comercio que, a cambio de cierta cantidad de dinero, le vende a sus compradores unos papales –mal llamados títulos académicos–: (1) que no tienen validez dentro del mundo académico; y (2) que no son legales dentro de los países en donde se encuentran los compradores.

Cabe destacar que los malhechores que operan los *molinos de diplomas* ganan enormes sumas de dinero ya que, por lo regular, sus clientes son: (1) tontos; (2) inmorales; y (3) consumistas. Digo eso ya que los *molinos de diplomas* se han convertido en una industria ilegal que, gracias a la idiotez de los consumistas, genera «$400 millones en ganancias al año...».[clxviii]

¿Sabe qué es lo más lamentable de ese consumismo académico de índole fraudulento? Lo más lamentable es que, a pesar de que abundan las fuentes de información que advierten sobre los molinos de diplomas, millones de personas –a sabiendas o por mera estupidez intelectual– han cometido la burrada de comprar credenciales fraudulentas. Y digo burrada ya que los consumistas o compradores de credenciales falsas, al igual que los vendedores de las credenciales falsas, sufren graves consecuencias legales cuando son descubiertos.

Así, por ejemplo, han sido muchísimas las personas: (1) que han perdido sus empleos por utilizar –o intentar utilizar– títulos académicos fraudulentos e ilegales; y (2) que han sido criminalmente procesadas por utilizar –o intentar utilizar– títulos académicos que a todas luces son fatulos.[clxix]

III. Evite el consumismo académico

Llegados a este punto de la discusión, es obligatorio realizar la siguiente pregunta: *¿qué he tratado de decirle con todo lo que he manifestado en este capítulo?* He querido decirle que si usted, después de haber obtenido una sólida educación superior, ama conocer y estudiar: (1) debe establecer un buen plan de estudios; (2) debe instruirse por sí mismo; y (3) no tiene que matricularse en una universidad para adquirir más conocimientos.

También he tratado de decirle que, únicamente, debe realizar estudios postdoctorales y/o doctorales: (a) si tiene el deseo de convertirse en profesor universitario; (b) si tiene el deseo de utilizar –continuamente– su tiempo para realizar investigaciones; o (c) si tiene el deseo de ejercer una profesión.

Además, también he querido decirle que debe hacer todo lo posible por no caer en las garras del consumismo de diplomas. ¿Sabe por qué? Porque realizar *múltiples e innecesarios* estudios universitarios, en especial si no se realizaron investigaciones – como tesis de maestría y doctorado– con la finalidad de aumentar los conocimientos humanos, es una acción baladí que consume demasiado tiempo, dinero y energía.

Cabe señalar, por último, que también he tratado de hacerle entender que debe hacer todo lo posible para que pueda realizar obras que, una vez usted entre al valle de los podridos muertos: (1) se queden circulando en el planeta; (2) den fe de que usted existió; y (3) mantengan su nombre fuera del olvido social.

Por consiguiente, si a usted le gusta pintar cuadros haga todo lo posible por pintar muchos cuadros de buena calidad. Y si le gusta escribir haga todo lo posible para que pueda escribir muchos libros, aunque sean libros que analicen asuntos sociales de maneras superficiales. La idea, repito, es producir obras que permitan que su nombre siga circulando después de que usted muera y le salgan gusanos por el culo.

Ismael Leandry Vega

Capítulo seis
Luchando en contra del consumismo

I. Explicándoles a los niños

Hemos visto que millones de personas, mayormente en los países occidentales, tienen el desdichado deseo de pasarse la vida consumiendo en «forma masiva bienes y servicios producidos también en forma masiva.»[clxx] También vimos que el consumismo «se ha convertido en una *nueva religión* y los centros comerciales en sus templos.»[clxxi]

Además de eso, también hemos visto que la mayoría de las personas que han nacido en países consumistas, capitalistas y faranduleros, como Puerto Rico y los Estados Unidos continentales: (1) son superficiales y hedonistas; (2) apoyan la destrucción ambiental con el fin de producir bienes innecesarios; y (3) han sido atrapadas por las garras del consumismo, por las fauces del materialismo y por los tentáculos del espectáculo.[clxxii]

Por eso es correcto decir que, tristemente, son bien escasas las posibilidades de que una persona que haya sido *embrutecida* con consumismo, materialismo y/o espectáculo pueda alejarse de esos embrutecedores males. De hecho, la experiencia enseña que, por ejemplo, cuando una persona ha sido severamente embrutecida por el consumismo, dicho embrutecimiento se mantiene hasta que llegue a la asquerosa vejez.

Aunque es justo señalar que, en raras ocasiones, el comportamiento consumista –que incluye el asunto de gastar dinero en espectáculos– se mantiene hasta que la embrutecida persona sufre un fuerte impacto en su vida debido al pensamiento y comportamiento consumista. Así, por ejemplo, algunos embrutecidos y endeudados consumistas que han radicado *procesos de quiebra financiera,* luego de las angustias y pataleos, se han alejado del comportamiento consumista y materialista. [clxxiii]

¿Eso significa que la guerra contra el consumismo se perdió? ¡Sí! Yo creo que el consumismo, al igual que el entusiasmo que está relacionado con el mundo del espectáculo, llegó: (1) para quedarse y expandirse; y (2) para dilapidar los recursos naturales del planeta. Ahora bien, es justo señalar que todavía quedan unos rayitos de esperanza que nos permiten decir que hay –y habrá– personas que rechazan –y rechazarán– los pensamientos y comportamientos consumistas y materialistas. *¿Y quiénes son esos rayitos de esperanza?* Los menores de edad, particularmente los más pequeños.

Por eso siempre he pensado que la inmensa mayoría de las estrategias dirigidas a combatir los comportamientos materialistas y consumistas, ya sean *gubernamentales o privadas,* deben concentrarse en los párvulos. ¿Y por qué el énfasis tiene que dirigirse a los niños de corta edad?

Por razón de que los párvulos, por no estar seriamente embrutecidos, pueden ser enseñados desde temprano a rechazar *las conductas materialistas y consumistas.* De hecho, si los párvulos son enseñados a rechazar las conductas consumistas y materialistas desde que están en los parvularios es altamente probable que muchos de ellos, al llegar a la adultez, detesten muchísimos de los asuntos que estén relacionados: (1) con el consumismo; (2) con el mundo del espectáculo; y (3) con el materialismo.

Además, no se puede pasar por alto que los párvulos que sean enseñados a alejarse de las conductas consumistas y materialistas tienen altas probabilidades de alejarse, al llegar a la adultez, de conductas criminales *(como el narcotráfico)* que tengan la finalidad de conseguir dinero para satisfacer deseos consumistas y materialistas.

Pero esto se torna más serio todavía. ¿Sabe por qué? Porque si los niños no son enseñados *a rechazar y condenar los comportamientos consumistas y materialistas,* existen altas probabilidades de que comiencen a demostrar, al llegar a la adolescencia, características mentales que son comunes en los consumistas adultos.

Así, por ejemplo, se sabe que muchos adolescentes que han sido *seriamente embrutecidos por el materialismo,* al igual que por el consumismo: (1) padecen de depresiones; (2) son narcisos; y/o (3) se sienten infelices al ver que no pueden tener y poseer los bienes inmuebles que están al último grito de la moda.[clxxiv]

Explicado eso, ahora tengo que mencionar que creo que los niños pueden ser fácilmente enseñados sobre muchos de los innumerables y negativos asuntos que están relacionados: (1) con el materialismo; y (2) con el consumismo. Y uno de los asuntos de fácil explicación que deben aprender los párvulos es que los medios de comunicación, indebidamente, hacen todo lo posible para que ellos *(los niños)* crean: (a) que sus progenitores deben comprarles juguetes costosos; (b) que es necesario tener muchos juguetes para ser feliz; y (c) que deben comer *comidas chatarras,* o sea, alimentos que «no alimentan en lo más mínimo el organismo.»[clxxv]

Además de eso, también creo que los párvulos deben ser educados –desde que están en los parvularios– sobre lo siguiente: (1) que no es necesario vestir con ropa costosa; (2) que los juguetes deben cuidarse ya que cuestan dinero; (3) sobre el hecho de que los libros entretienen mejor que los juguetes;(4) sobre el hecho de que no deben estar pidiendo que –constantemente– les compren juguetes nuevos; y (5) que ellos pueden crear –con materiales que puedan ser reciclados– sus propios juguetes.

También creo que los niños deben ser enseñados, desde tempranito, sobre el hecho de que: (a) deben «tener respeto a las personas y culturas»; y (b) deben desear poder desarrollar al máximo posible sus capacidades intelectuales.[clxxvi]

Dicho eso, debe haber notado que he mencionado que el consumismo, al igual que el comportamiento materialista, se puede convertir en una fuerte adicción. También debe haber notado que la adicción al consumismo puede llevar a una persona: (1) a fanatizarse por un producto y/o servicio; y (2) *a enajenarse de las realidades sociales.*[clxxvii]

Pues bien, también entiendo que los niños deben ser educados sobre el hecho de que el consumismo es una patética conducta que, en muchas ocasiones, se puede convertir en una fuerte adicción. También deben ser instruidos sobre el hecho de que si llegan a convertirse en unos empedernidos consumistas, o en unos patéticos materialistas, no se sentirán bien «con la vida y no tendrán interés en su entorno social.»[clxxviii]

II. Creando consciencia en los adultos

Debo mencionar, por otro lado, que han sido muchísimos los filósofos e investigadores sociales que han demostrado que, en estos contaminados y consumistas tiempos, «la búsqueda del placer y del entretenimiento se ha convertido en el objetivo principal de los individuos.»[clxxix] ¿Tendrán razón las mencionadas personas? *¡Claro que sí!*

Si usted analiza lo que está ocurriendo en muchísimas partes del planeta usted verá que lo mencionado es, además de lamentable, cierto. Por eso no es exagerado decir que en muchísimos países del mundo, especialmente en los que están en la lista de los países que componen *el primer mundo,* «el tiempo libre no se vive, se consume.»[clxxx]

Pero esto se torna más problemático todavía. ¿Sabe por qué? Porque si usted analiza el comportamiento de la mayoría de las personas que viven en el primer mundo, al igual que el comportamiento de los adinerados que viven en el segundo y tercer mundo, usted notará que esas personas tienen una principal misión en la vida, a saber: (1) venerar el comportamiento materialista; (2) apoyar la explotación capitalista; (3) auspiciar *la destrucción del ambiente* con el fin de que se produzcan bienes lujosos e innecesarios; (4) buscar placeres y entretenimientos; y (5) morir sin haber dejado huellas significativas.

Manifestado eso, ahora tengo que decir que si uno sigue profundizando dentro de este asunto se llega a un pensamiento bastante aterrador. Digo eso ya que si uno analiza con profundidad las acciones que se pasan ejecutando *los empedernidos consumistas y los patéticos materialistas,* hay que concluir que esas personas creen que las próximas generaciones no son importantes. De hecho, son muchos los consumistas y materialistas que piensan que pueden comer, cagar, orinar, *destruir y contaminar* el planeta sin importar qué pueda pasar en el futuro.

Ahora bien, es justo señalar que los mencionados empedernidos representan, si se analizan con cuidado las estadísticas que están relacionadas con la población mundial, un pequeño y destructivo grupo. Es decir, mientras *una pequeña porción de la humanidad* consume demasiados bienes y destruye —y apoya que se destruya— una enorme cantidad de recursos naturales para satisfacer los deseos consumistas, materialistas y capitalistas, otra enorme porción de la humanidad «ni siquiera logra satisfacer las necesidades fundamentales para su supervivencia.»^{clxxxi}

Habiendo llegado a este punto de la discusión, cabe lanzar una pregunta: ¿se deben realizar *campañas de concienciación ciudadana* con el fin de que los adultos se alejen del consumismo y del materialismo?

Dicha interrogante tiene que ser contestada positivamente. ¿Sabe por qué? Porque, aunque indiqué líneas arriba que la guerra contra el consumismo y el materialismo está perdida, creo que si se realizan campañas de concienciación en los países en donde los índices de consumismo y materialismo sean elevados: (1) será posible rescatar de las garras del consumismo y de los tentáculos del materialismo a una pequeña porción de adultos; y (2) será probable que los adultos rescatados –*en el caso de que tengan hijos*– les hablen a sus hijos sobre los daños que producen los comportamientos consumistas y materialistas.

Explicado eso, es obvio que ha saltado al pensamiento una pregunta, a saber: ¿cómo deben ser esas campañas de concienciación ciudadana? Esas campañas de concienciación, que mayormente serían costeadas con fondos públicos, tendrían un formato de anuncios comerciales. Dichos anuncios se pautarían en los medios de comunicación, o sea, en radio, periódico, televisión e Internet. Tampoco estaría de más que se coloquen en *vallas publicitarias* que estén cerca de los centros comerciales. La idea es recordarles a las personas, por medio de anuncios creados por expertos en la conducta humana, lo peligroso, patético, irresponsable y dañino que es: (1) el comportamiento consumista; y (2) el materialismo.

Realmente serían muchísimos los mensajes que se podrían transmitir por medio de esos anuncios de concienciación. Así, por ejemplo, se podrían crear anuncios bien gráficos que les dejen saber a las personas que los recursos naturales se están agotando «a causa de decisiones egoístas alentadas por un exasperado consumismo.»[clxxxii]

También podrían *crearse y colocarse* anuncios en donde se les recuerde a las personas que no tienen la necesidad de comprar cosas lujosas o costosas. Además, sería adecuado que se creara y colocara un anuncio televisivo que le haga recordar a las personas que el camino hacia la perdición comienza cuando el pensamiento «se envenena con la envidia y nos comparamos con lo que tienen los otros.»[clxxxiii]

Otro anuncio que, de anunciarse con gran impulso, podría causar gran impacto en la mente de las personas, sería uno que haga recordar que no es adecuado tener pensamientos que digan, en lo pertinente, «dime cuánto consumes y te diré cuánto vales.»[clxxxiv] *¿Y por qué un anuncio como ése sería adecuado?* Por razón de que las personas recordarían que la valía de una persona se mide por lo que se haga en favor: (1) del conocimiento humano; (2) de la paz; (3) de las letras humanas; (4) del bienestar social; y (5) de los derechos humanos.

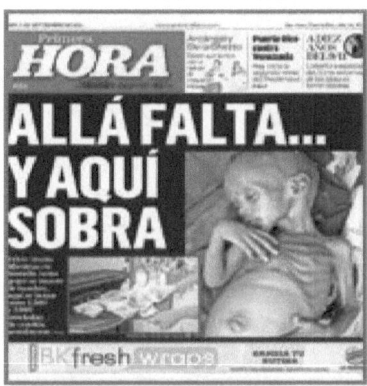

Por eso es que una persona que saca de su tiempo y dinero para alimentar a los mendigos, vale más que una pendeja consumista que lo único que hace es chingar, alimentar a sus hijos, trabajar y comprar porquerías en las tiendas. También se puede decir que un ganador del premio Nobel tiene más valor que un pendeja materialista que gasta fuertes sumas de dinero en bienes materiales.

Debo mencionar, por penúltimo, que en los países occidentales hay muchísimas personas que creen que las corporaciones multinacionales (como Walmart) que se pasan creando empleos chatarra y vendiendo montones de bienes a precios de descuento, son empresas necesarias. Por eso no es extraño que muchos imbéciles, entre ellos políticos que ganan jugosos salarios, favorezcan que en sus países se establezcan muchas de esas corporaciones que, dicho sea de paso, se han convertido en templos: (a) del consumo irresponsable; y (b) de la explotación laboral.

Pues bien, no estaría nada mal que se publiquen anuncios que les hagan saber a las personas que las corporaciones multinacionales, que suelen controlar «gran parte de la producción y del comercio internacional, no buscan generalizar el bienestar a toda la humanidad, sino reforzar los niveles de consumo entre los que tienen [dinero] para gastar.»[clxxxv]

Por último, debe haber notado que mencioné que las campañas publicitarias que utilizan muchas corporaciones multinacionales les dicen a los consumistas y materialistas que deben vivir sus desdichadas, hedonistas y superfluas vidas pensando en que las futuras generaciones carecen «de valor.»[clxxxvi]

Pues bien, en aras de contrarrestar esas malas influencias entiendo que se deben aprobar leyes y reglamentos para que los comercios vengan obligados a plasmar, al igual que se hace en las cajetillas de los cigarrillos, advertencias en las bolsas que utilicen para empacar los bienes comprados por los consumidores. Dichas advertencias deben decir: (1) que el consumismo es una adicción; y (2) que el materialismo es producto de la inmadurez.

Capítulo siete
Frases y pensamientos

I. Frases y pensamientos del autor

1) Los consumistas apoyan, tácitamente, que las fábricas que están en el extranjero y que producen y/o ensamblan *sus porquerías favoritas,* sean lugares inseguros para los trabajadores.

2) El voraz apetito consumista que existe en los países del primer mundo, especialmente en los Estados Unidos de América, Francia y Reino Unido, es el principal causante de que existan niños laboralmente explotados en algunos de los países del tercer mundo.

3) Si usted analiza, con algo de profundidad, la personalidad de un empresario que dirige una corporación multinacional, usted notará que tiene muchos rasgos que están presentes en los psicópatas.

4) En términos generales, *los seres humanos* de estos tiempos son embusteros, cínicos, codiciosos, agresivos y poco confiables.

5) Los consumistas son tan maquiavélicos y cínicos que, a pesar que la inmensa mayoría se pasa hablando sobre paz y amor, no sienten remordimientos al comprar productos que vienen desde esos lejanos países que tienen fama de explotar a los trabajadores.

6) Es indudable que los consumistas que viven en el primer mundo, tácitamente, adoran y apoyan que en las fábricas extranjeras en donde se fabrican sus innecesarios y favoritos productos: (a) trabajen niños; y (b) trabajen personas que cobran unos *salarios de hambre*. Y los consumistas adoran y apoyan eso ya que, por medio de esos abusos, saben que siempre podrán comprar sus favoritas porquerías a precios bajos.

7) El consumismo es tan poderoso que, por increíble que parezca, ocasiona que las personas vean lo insalubre, como salubre.

8) El gran problema que tiene *el consumismo* es que, provoca que se incurran en acciones inhumanas, maléficas y destructivas. Por eso es que, por ejemplo, el consumismo ocasiona: (a) que se destruyan bosques y reservas naturales; (b) que se lancen contaminantes al aire y a los cuerpos de agua; (c) que haya niños trabajando en fábricas; y (d) que haya personas que, a cambio de unos salarios de hambre, trabajen en peligrosas y contaminadas fábricas.

9) Para que los materialistas puedan tener muchas porquerías costosas y superfluas, es indudable que se tienen que gastar toneladas de *recursos naturales* que podrían ser utilizados para producir bienes necesarios. Y a eso se añade que por culpa de los consumistas, al igual que por culpa de los materialistas, millones de personas sufren de escasez de recursos necesarios para una sana subsistencia.

Ismael Leandry Vega

10) Toda persona que se desprecia a sí misma, cae con facilidad en las garras del consumismo.

11) *¡Oh malditos consumistas!* Ustedes son los principales causantes de que este insignificante planeta esté, debido a la contaminación ambiental, hecho una mierda.

12) Si quieres que tus pequeños hijos sean criminales durante su adultez, ayúdalos a ser consumistas y materialistas desde ahora.

13) Para tener un sistema de Gobierno cuasi democrático y libre, los seres humanos tienen soportar ciertas acciones negativas. Y una de las acciones negativas que tienen que tolerar, es la corrupción gubernamental. Por consiguiente, siempre se tiene que tener presente que *democracia y corrupción gubernamental* son asuntos que van de la mano.

14) *¡Oh gordinflones consumistas!* Ustedes son los principales causantes de que muchos niños, durante este día, mueran de hambre: (a) en África; y (b) en Latinoamérica.

15) Toda persona que ha desarrollado una adicción al consumismo, desprecia a la humanidad.

16) *¡Oh malditos consumistas!* Ustedes son los más que motivan, por parte de empresas irresponsables, la ejecución de actos que tienen como resultado contaminación y/o destrucción ambiental.

17) Cuando los religiosos rezan hablan con ellos mismos, y cuando leen sus *libros sagrados favoritos*, indudablemente, leen libros de ficción.

18) La mal llamada democracia, que realmente es una *plutocracia*, existe para provecho y beneficio de los capitalistas y burgueses.

19) Todo agente del orden público que se querelle de que ha sido víctima de violencia doméstica, tiene que ser desarmado. Recuérdese que el arma de fuego que porta dicho agente le pertenece al Estado. Y el Estado, una vez tiene conocimiento de la mencionada querella, no puede permitir que el mencionado agente siga portando su arma de fuego existiendo la posibilidad, aunque se vea remota, de que sea mal utilizada durante un conflicto doméstico.

20) Una de las más graves consecuencias de la publicidad engañosa es que, regularmente, la mayoría de sus víctimas son personas pobres, enfermas e inmaduras.

21) Cuando una persona ha sido embrutecida por culpa del consumismo y del materialismo, vemos que malgasta su valioso tiempo en la realización de inútiles acciones encaminadas a satisfacer sus materialistas y consumistas deseos. Pero lo más triste de eso es que esa persona, por más porquerías que compre, siempre se sentirá insatisfecha con lo que tiene y con lo que es.

22) Vivimos en unos atolondrados tiempos en donde la insatisfacción con la apariencia física, por no ser adecuadamente tratada por el profesional de la salud mental, está siendo principalmente atendida por medio del bisturí de ese cirujano plástico que no le dice a la insatisfecha persona que la cirugía plástica de índole cosmético es, por decir lo menos, una pérdida de tiempo ya que (el paciente) morirá.

23) La publicidad, al igual que el cine y la televisión, ha ocasionado que millones de menores de edad, olvidándose de que algún día morirán, se sientan insatisfechos con sus apariencias físicas. Y eso, lamentablemente, no es nada extraño. ¿Sabe por qué? Porque *los cerebros de los menores de edad* son incesantemente bombardeados por publicidades y espectáculos que les dicen, por lo bajo, que en aras de ser personas exitosas deben tener ciertas medidas corporales y ciertos rasgos físicos. Así, por ejemplo, a las niñas se le dice indirectamente que, en aras de ser notables, deben tener unos carnosos labios —como los de Angelina Jolie—, unas redondeadas nalgas y unas grandes y firmes tetas.

Ismael Leandry Vega

Referencias

[i]Edmundo Vera Manzo. (2011). **El buen vivir, el consumismo y el sicariato en Ecuador**. Ecuador, Latinoamérica.: *El Telégrafo*. Información consultada el 11 de marzo de 2011, de http://www.eltelegrafo.com.ec/.

[ii]**Psicología del Consumismo**. (2011). España, Unión Europea.: *Revista Equis*. Información consultada el 24 de enero de 2011, de http://www.equismagazine.es/.

[iii]Heison Moreno. (2008). **Consumismo: la enfermedad número uno en nuestra sociedad**. Venezuela, Latinoamérica.: *Radio Mundial*. Información consultada el 11 de enero de 2011, de http://www.radiomundial.com.ve/yvke/noticia.php?7428.

[iv]Carmen Arroyo Colón. **Actitud escapista del puertorriqueño**. (2006, 19 de noviembre). Guaynabo, Puerto Rico. *El Nuevo Día*. Recuperado el 30 de noviembre de 2006, de http://www.adendi.com/.

[v]**El consumismo, aliado de los medios y enemigo del ambiente**. (2010). Colombia, Latinoamérica.: *El Universal*. Información consultada el 11 de enero de 2011, de http://www.eluniversal.com.co/.

[vi]**Nicolás Maquiavelo**. (2011). España, Unión Europea.: *Proverbia*. Recuperado el 18 de enero de 2011, de http://www.proverbia.net/.

[vii]William Cano. (2010). **El 60% del consumismo es parte de la enseñanza en la familia**. España, Unión Europea.: *Acanoticias*. Información consultada el 23 de enero de 2011, de http://acanoticias.org/es/.

[viii]Lorena Cuéllar Cisneros. (2008). **Si quieres empobrecer compra lo que no has de menester**. México, Latinoamérica.: *Ayuntamiento de Tlaxcala*. Información consultada el 11 de enero de 2011, de www.municipiotlaxcala.gob.mx/.

[ix]**Dinero**. (2011). España, Unión Europea.: *Proverbia*. Recuperado el 18 de enero de 2011, de http://www.proverbia.net/.

[x]**Tito Livio**. (2013). Veracruz, México.: *Mis Frases Célebres*. Información consultada el 18 de agosto de 2013, de http://www.misfrasescelebres.com/.

[xi]**Estudio: el dinero no da la felicidad, pero no tenerlo causa desdicha**. (2010). Chile, Latinoamérica.: *Diario Pyme*. Información consultada el 11 de enero de 2011, de http://www.diariopyme.com/.

[xii]**Maquiavelo**. (2013). Veracruz, México.: *Mis Frases Célebres*. Información consultada el 18 de agosto de 2013, de http://www.misfrasescelebres.com/.

[xiii]Moreno, L.F. (2010). **Filósofo para esta época**. Madrid, España.: *El País*. Consultado el 30 de diciembre de 2012, de http://www.elpais.com/.

[xiv]Vásquez, G.H. (1996) **¡No a la violencia!** Miami, Florida.: *Intercírculo Editores*, pág.5.

[xv]**Una sociedad que gesta violencia contra la mujer**. (2011). Nicaragua, Latinoamérica.: *El Nuevo Diario*. Información consultada el 11 de febrero de 2011, de http://www.elnuevodiario.com.ni/.

[xvi]Fufi Santori. (2010). **El consumo conspicuo**. Guaynabo, Puerto Rico.: *El Nuevo Día*. [Versión electrónica].

[xvii]**Prácticas de Consumo Inteligente**. (2010). Bogotá, Colombia.: *Estudio Minimal*. Información consultada el 11 de enero de 2011, de http://www.estudiominimal.com/.

xviiiGregorio Doval. (2008). **El trabajo y el dinero: 1001 citas y frases ingeniosas.** Madrid, España.: *Ediciones Nowtilus S.L.*, página 11. Véase, además: **Money can buy one form of happiness, massive global study concludes.** (2010). Washington, EEUU.: *Washington Post.* Consultado el 31 de diciembre de 2010, de www.washingtonpost.com/.

xix**George Herbert.** (2013). Veracruz, México.: *Mis Frases Célebres.* Información consultada el 18 de agosto de 2013, de http://www.misfrasescelebres.com/. Léase, además: **Estudio: dinero compra felicidad hasta cierto punto.** (2010). Santo Domingo, República Dominicana.: *Diario Hoy.* Información consultada el 11 de enero de 2011, de http://www.hoy.com.do/.

xx**Estudio: el dinero no da la felicidad, pero no tenerlo causa desdicha.** (2010). Chile, Latinoamérica.: *Diario Pyme.* Información consultada el 11 de enero de 2011, de http://www.diariopyme.com/.

xxi**Para el cerebro ir de compras es como el sexo.** (2010). Minnesota, EEUU.: *Pijamasurf.* Información consultada el 29 de diciembre de 2010, de http://pijamasurf.com/.

xxii**Benjamín Franklin.** (2013). Valencia, España.: *Proverbia.* Recuperado el 18 de agosto de 2013, de http://www.proverbia.net/.

xxiii**Aristóteles.** (2013). Veracruz, México.: *Mis Frases Célebres.* Información consultada el 18 de agosto de 2013, de http://www.misfrasescelebres.com/.

xxivAdriana Magali. (2004). **La magia del dinero y el éxito.** Barcelona, España.: *Ediciones RobinBook,* página 139. Véase, además: **Dinero.** (2011). España, Unión Europea.: *Proverbia.* Recuperado el 18 de agosto de 2013, de http://www.proverbia.net/.

xxv**Estudio: dinero compra felicidad hasta cierto punto.** (2010). Santo Domingo, República Dominicana.: *Diario Hoy.* Información consultada el 11 de enero de 2011, de http://www.hoy.com.do/; **Estudio: el dinero no da la felicidad, pero no tenerlo causa desdicha.** (2010). Chile, Latinoamérica.: *Diario Pyme.* Información consultada el 11 de enero de 2011, de http://www.diariopyme.com/.

xxvi**Money can buy one form of happiness, massive global study concludes.** (2010). Washington, EEUU.: *Washington Post.* Consultado el 27 de diciembre de 2010, de www.washingtonpost.com/.

xxvii**Money can buy one form of happiness, massive global study concludes.** (2010). Washington, EEUU.: *Washington Post.* Consultado el 27 de diciembre de 2010, de www.washingtonpost.com/.

xxviii**Problemas financieros conducen a un español a cometer cuádruple asesinato.** (2010). Nicaragua, Latinoamérica.: *El Nuevo Diario.* Información consultada el 11 de enero de 2011, de http://www.elnuevodiario.com.ni/internacionales/90359.

xxix**Hombre se suicida ahorcándose por presuntos problemas económicos.** (2010). Santo Domingo, República Dominicana.: *Orgullo Dominicano.* Información consultada el 11 de enero de 2011, de http://www.orgullodominicano.net/.

xxx**Pobres se suicidan más que los ricos.** (2006, 12 de enero). Guaynabo, Puerto Rico.: *Primera Hora.* Recuperado el 12 de enero de 2006, de http://www.primerahora.com/.

xxxi**Thomas Fuller.** (2007). Veracruz, México.: *Mis Frases Célebres.* Información consultada el 11 de enero de 2011, de http://www.misfrasescelebres.com/.

xxxii**Estudio: el dinero no da la felicidad, pero no tenerlo causa desdicha.** (2010). Chile, Latinoamérica.: *Diario Pyme.* Información consultada el 11 de enero de 2011, de http://www.diariopyme.com/.

xxxiii**Voltaire**. (2011). España, Unión Europea.: *Proverbia*. Recuperado el 18 de enero de 2011, de http://www.proverbia.net/.

xxxiv**Mata a hermano en pelea por herencia**. (2010). Honduras, Latinoamérica.: *El Heraldo*. Información consultada el 11 de enero de 2011, de http://www.elheraldo.hn/. Léase, además: Miguel Rivera Puig. **Disputa por herencia termina en tragedia**. (2007, 2 de abril). San Juan, Puerto Rico.: *El Vocero de Puerto Rico*. Recuperado el 2 de marzo de 2008, de http://www.vocero.com/; **Malhechor mató a su abuelo por una herencia**. (2010). Honduras, Latinoamérica.: *El Heraldo*. Información consultada el 11 de enero de 2011, de http://www.elheraldo.hn/; Daniel Rivera Vargas. **Riña familiar termina en tragedia**. (2007, 26 de enero). Guaynabo, Puerto Rico.: *El Nuevo Día*. Recuperado el 31 de enero de 2007, de http://www.adendi.com/.

xxxv**Francis Scott Fitzgerald**. (2011). España, Unión Europea.: *Proverbia*. Recuperado el 18 de enero de 2011, de http://www.proverbia.net/.

xxxvi**Nicolás Boileau**. (2013). Veracruz, México.: *Mis Frases Célebres*. Información consultada el 18 de agosto de 2013, de http://www.misfrasescelebres.com/.

xxxvii**Malkovich perdió millones de dólares con Madoff**. (2010). Madrid, España.: *El Mundo*. Consultado el 29 de diciembre de 2010, de http://www.elmundo.es/; Alison Gendar & Douglas Feiden. (2008). **Hedge fund founder Thierry de la Villehuchet kills self after losing $1B in Madoff scandal**. New York, EEUU.: *New York Daily News*. Información consultada el 11 de enero de 2011, de http://www.nydailynews.com/; Connor, T. (2008). **Suicide not a shock to other Madoff victims**. New York, EEUU.: *New York Daily News*. Información consultada el 11 de enero de 2011, de http://www.nydailynews.com/; José A. Sánchez Fournier. **Muertes autoinfligidas se acercan al centenar**. (2008). *El Nuevo Día*. Guaynabo, Puerto Rico. [Versión electrónica].

xxxviii**Juvenal**. (2013). Veracruz, México.: *Mis Frases Célebres*. Información consultada el 18 de agosto de 2013, de http://www.misfrasescelebres.com/.

xxxix**Madoff tras las rejas**. (2009, marzo). *British Broadcasting Corporation (BBC)*. Londres, Reino Unido. Recuperado el 30 de diciembre de 2009, de http://news.bbc.co.uk/. Léase, además: **La estafa del siglo**. (2008, diciembre). *El Nuevo Día*. Guaynabo, Puerto Rico. Recuperado el 31 de diciembre de 2008, de http://www.elnuevodia.com/.

xl**Alison Gendar & Douglas Feiden**. (2008). **Hedge fund founder Thierry de la Villehuchet kills self after losing $1B in Madoff scandal**. New York, EEUU.: *New York Daily News*. Información consultada el 11 de enero de 2011, de http://www.nydailynews.com/.

xli**Bernard Madoff fraud victim committed suicide to avoid bankruptcy shame**. (2009). Reino Unido, Unión Europea.: *Telegraph*. Información consultada el 11 de septiembre de 2011, de http://www.telegraph.co.uk/.

xlii**Maquiavelo**. (2013). Veracruz, México.: *Mis Frases Célebres*. Información consultada el 18 de agosto de 2013, de http://www.misfrasescelebres.com/. Léase, además: **Bernard Madoff fraud victim committed suicide to avoid bankruptcy shame**. (2009). Reino Unido, Union Europea.: *Telegraph*. Información consultada el 11 de septiembre de 2011, de http://www.telegraph.co.uk/.

xliii**Nicolás Boileau**. (2013). Veracruz, México.: *Mis Frases Célebres*. Información consultada el 18 de agosto de 2013, de http://www.misfrasescelebres.com/.

xliv**Stephanie Chen. Las mujeres se casan con hombres con menos dinero y preparación académica**. (2010). México, Latinoamérica.: *CNN México*. Información consultada el 27 de diciembre de 2010, de http://mexico.cnn.com/. Léase, además:

Ismael Leandry Vega　　　　　　　　　　　　　　　　　　　　　**163**

Women more attracted to men in expensive cars. (2009). Reino Unido, Unión Europea.: *Telegraph Media Group*. Información consultada el 11 de septiembre de 2010, de http://www.telegraph.co.uk/.

[xlv]**Mujeres tienen más orgasmos con hombres ricos, según un estudio**. (2010). *Entregirls*. Información consultada el 25 de agosto de 2011, de http://www.entregirls.com/mujeres-tienen-mas-orgasmos-con-hombres-ricos-segun-un-estudio/; **Entre más dinero tengan los hombres mejor calidad de orgasmos**. (2010). Madrid, España.: *Noticias Terra*. Recuperado el 30 de diciembre de 2010, de http://www.terra.com/noticias/. Léase, además: **Maripily fue la que empujó a Roberto Alomar según la Policía**. (2010, agosto). Guaynabo, Puerto Rico.: *Primera Hora*. [Versión electrónica]; **Cinco razones erróneas para elegir a una pareja**. (2010, agosto). Guaynabo, Puerto Rico.: *El Nuevo Día*. [Versión electrónica]; Cynthia López Cabán. **Así se ama en el Olimpo**. (2008, 12 de marzo). *El Nuevo Día*. Guaynabo, Puerto Rico. [Versión electrónica]; Lowri Turner. (2008). **Rise of the gold-digger: the young women who shamelessly pursue older men for their money**. Reino Unido, Unión Europea.: *Daily Mail*. Información consultada el 11 de septiembre de 2010, de http://www.dailymail.co.uk/; Lucy Bulmer. (2007). **Confessions of a gold digger**. Reino Unido, Unión Europea.: *The Independet*. Información consultada el 11 de septiembre de 2010, de http://www.independent.co.uk/; Mike Fish. (2010). **El drama de un ex ligamayorista**. California, EEUU.: *ESPN Deportes*. Información consultada el 11 de enero de 2011, de http://espndeportes.espn.go.com/; **Women more attracted to men in expensive cars**. (2009). Reino Unido, Unión Europea.: *Telegraph Media Group*. Información consultada el 11 de septiembre de 2010, de http://www.telegraph.co.uk/.

[xlvi]**Women more attracted to men in expensive cars**. (2009). Reino Unido, Unión Europea.: *Telegraph Media Group*. Información consultada el 11 de septiembre de 2010, de http://www.telegraph.co.uk/.

[xlvii]**Orgasmo**. (2009). *Pensamiento Emocional*. Información consultada el 11 de julio de 2010, de http://www.somosinternet.com/orgasmo/. Léase, además: **Los hombres no satisfacen a las mujeres tanto como piensan**. (2010). *Antena3*. Información consultada el 11 de diciembre de 2010, de http://www.antena3.com/; Boeree, C. D. (s. f.). **Sexualidad I: la conducta sexual**. Shippensburg, Pennsylvania.: *Universidad de Shippensburg*. Información consultada el 30 de junio de 2010, de http://webspace.ship.edu/cgboer/genesp/conducta_sexual.html.

[xlviii](Énfasis nuestro). **Mujeres tienen más orgasmos con hombres ricos, según un estudio**. (2010). *Entregirls*. Información consultada el 25 de agosto de 2011, de http://www.entregirls.com/mujeres-tienen-mas-orgasmos-con-hombres-ricos-segun-un-estudio/. Léase, además: **Entre más dinero tengan los hombres mejor calidad de orgasmos**. (2010). Madrid, España.: *Noticias Terra*. Recuperado el 30 de diciembre de 2010, de http://www.terra.com/noticias/.

[xlix]**Cervantes**. (2013). Veracruz, México.: *Mis Frases Célebres*. Información consultada el 18 de agosto de 2013, de http://www.misfrasescelebres.com/.

[l]**Dinero**. (2011). España, Unión Europea.: *Proverbia*. Recuperado el 18 de enero de 2011, de http://www.proverbia.net/.

[li]**Dinero**. (2011). España, Unión Europea.: *Proverbia*. Recuperado el 18 de enero de 2011, de http://www.proverbia.net/.

[lii]Fufi Santori. (2010). **El consumo conspicuo**. Guaynabo, Puerto Rico.: *El Nuevo Día*. [Versión electrónica].

[liii]**Estudio: el dinero no da la felicidad, pero no tenerlo causa desdicha.** (2010). Chile, Latinoamérica.: *Diario Pyme.* Información consultada el 11 de enero de 2011, de http://www.diariopyme.com/.

[liv]**Psicología del Consumismo.** (2011). España, Unión Europea.: *Revista Equis.* Información consultada el 24 de enero de 2011, de http://www.equismagazine.es/. Léase, además: Raúl A. Carrillo. (2010). **Living in a Material World.** Cambridge, MA.: *Harvard University. The Harvard Crimson.* Información consultada el 31 de diciembre de 2010, de http://www.thecrimson.com/.

[lv]**Un estudio demuestra por qué perder dinero causa tanto miedo.** (2010). Perú, Latinoamérica.: *El Comercio.* Información consultada el 11 de enero de 2011, de http://elcomercio.pe/.

[lvi]**Un estudio demuestra por qué perder dinero causa tanto miedo.** (2010). Perú, Latinoamérica.: *El Comercio.* Información consultada el 11 de enero de 2011, de http://elcomercio.pe/.

[lvii]**Un estudio demuestra por qué perder dinero causa tanto miedo.** (2010). Perú, Latinoamérica.: *El Comercio.* Información consultada el 11 de enero de 2011, de http://elcomercio.pe/.

[lviii]**Psicología del Consumismo.** (2011). España, Unión Europea.: *Revista Equis.* Información consultada el 24 de enero de 2011, de http://www.equismagazine.es/; Lorena Cuéllar Cisneros. (2008). **Si quieres empobrecer compra lo que no has de menester.** México, Latinoamérica.: *Ayuntamiento de Tlaxcala.* Información consultada el 11 de enero de 2011, de www.municipiotlaxcala.gob.mx/.

[lix]**How Do Beauty Product Ads Affect Consumer Self Esteem and Purchasing?** (2010). Rockville, MD.: *Science Daily.* Información consultada el 28 de diciembre de 2010, de http://www.sciencedaily.com/.

[lx]Georgina Alfonso González. (2009) **¿Consumo consciente o consumismo?** Habana, Cuba.: *Cuba-L Direct.* Información consultada el 11 de enero de 2011, de http://cuba-l.unm.edu/?nid=74133.

[lxi]**Psicología del Consumismo.** (2011). España, Unión Europea.: *Revista Equis.* Información consultada el 24 de enero de 2011, de http://www.equismagazine.es/.

[lxii]Ángel Cintrón Opio. **La falsa felicidad.** (2006, 29 de diciembre). Guaynabo, Puerto Rico.: *El Nuevo Día.* Recuperado el 31 de diciembre de 2006, de http://www.adendi.com/. Léase, además: Raúl A. Carrillo. (2010). **Living in a Material World.** Cambridge, MA.: *Harvard University. The Harvard Crimson.* Información consultada el 31 de diciembre de 2010, de http://www.thecrimson.com/.

[lxiii]Ángel Cintrón Opio. **La falsa felicidad.** (2006, 29 de diciembre). Guaynabo, Puerto Rico.: *El Nuevo Día.* Recuperado el 31 de diciembre de 2006, de http://www.adendi.com/.

[lxiv]César Figueroa. (2011). **Fenómeno del consumismo.** Argentina, Latinoamérica.: *Diario de Cuyo.* Información consultada el 14 de febrero de 2011, de http://www.diariodecuyo.com.ar/.

[lxv]William Cano. (2010). **El 60% del consumismo es parte de la enseñanza en la familia.** España, Unión Europea.: *Acanoticias.* Información consultada el 23 de enero de 2011, de http://acanoticias.org/es/. Léase, además: **Quotations on Consumerism / Overconsumption.** (2011). Minnesota, EEUU.: *University of St. Thomas.* Información consultada el 11 de marzo de 2011, de http://www.stthomas.edu/recycle/consume.htm.

[lxvi]**Algunas personas experimentan alivio al adquirir productos que exceden su presupuesto.** (2010). Homestead, FL.: *Informe21.* Información consultada el 31 de diciembre de 2010, http://informe21.com/.

[lxvii]**La autobiografía de Julia.** (2011). Madrid, España.: *El Mundo.* Consultado el 29 de marzo de 2011, de http://www.elmundo.es/; **Consumerism Boosts Teen Mental Health Problems: Study.** (2009). Scottsdale, AZ.: *EpowHer.* Información consultada el 14 de febrero de 2010, de http://www.empowher.com/; **Consumismo: ¿Realmente necesitamos tantas porquerías?** (2008). México, Latinoamérica.: *La Tribuna de Ensenada.* Información consultada el 11 de enero de 2011, de http://latribunadeensenada.com/.

[lxviii]**Algunas personas experimentan alivio al adquirir productos que exceden su presupuesto.** (2010). Homestead, FL.: *Informe21.* Información consultada el 31 de diciembre de 2010, http://informe21.com/.

[lxix]**Consumismo: ¿Realmente necesitamos tantas porquerías?** (2008). México, Latinoamérica.: *La Tribuna de Ensenada.* Información consultada el 11 de enero de 2011, de http://latribunadeensenada.com/?p=518. Léase, además: Hernán Iglesias. (2005). **El estatus no nos hace más felices.** México, Latinoamérica.: *CNN México.* Información consultada el 27 de abril de 2010, de http://mexico.cnn.com/; **Consumerism Boosts Teen Mental Health Problems: Study.** (2009). Scottsdale, AZ.: *EpowHer.* Información consultada el 14 de febrero de 2010, de http://www.empowher.com/; **Study: Consumerism Making Children Miserable.** (2008). Edmond, OK.: *The Trumpet.* Información consultada el 11 de enero de 2011, de http://www.thetrumpet.com/.

[lxx]**Inconspicuous Consumption: Insiders Vs. Outsiders.** (2010). Rockville, MD.: *Science Daily.* Consultada el 28 de diciembre de 2010, de http://www.sciencedaily.com/; **Algunas personas experimentan alivio al adquirir productos que exceden su presupuesto.** (2010). Homestead, FL.: *Informe21.* Información consultada el 31 de diciembre de 2010, http://informe21.com/.

[lxxi]John L. Lastovicka & Nancy J. Sirianni. (2011, agosto). **Truly, Madly, Deeply: Consumers in the Throes of Material Possession Love.** Chicago, EEUU.: *Journal of Consumer Research;* **Love-Smitten Consumers Will Do Anything for Their Cars and Guns.** (2010). Rockville, MD.: *Science Daily.* Información consultada el 28 de diciembre de 2010, de http://www.sciencedaily.com/.

[lxxii]William Cano. (2010). **El 60% del consumismo es parte de la enseñanza en la familia.** España, Unión Europea.: *Acanoticias.* Información consultada el 23 de enero de 2011, de http://acanoticias.org/es/.

[lxxiii]University of Chicago Press Journals (2010, 20 de septiembre). **Money, drugs and chicken feet? What consumers will do for social acceptance.** Rockville, MD.: *ScienceDaily.* Información consultada el 28 de diciembre de http://www.sciencedaily.com-/releases/2010/09/100920173002.htm.

[lxxiv]**La autobiografía de Julia.** (2011). Madrid, España.: *El Mundo.* Consultado el 29 de diciembre de 2011, de http://www.elmundo.es/; Hernán Iglesias. (2005). **El estatus no nos hace más felices.** México, Latinoamérica.: *CNN México.* Información consultada el 27 de abril de 2010, de http://mexico.cnn.com/.

[lxxv]**A 'Brand' New World: Attachment Runs Thicker Than Money.** (2010). Rockville, MD.: *Science Daily.* Información consultada el 28 de diciembre de 2010, de http://www.sciencedaily.com/; **Materialism And Death Anxiety Lead To Brand Loyalty.** (2009). Rockville, MD.: *Science Daily.* Información consultada el 28 de diciembre de 2010, de http://www.sciencedaily.com/; American Friends of Tel Aviv University (2010, 15 de noviembre). **Non-religious people more loyal to particular corporate**

brands. Rockville, MD.: *ScienceDaily*. Información consultada el 17 de febrero de 2011, de http://www.sciencedaily.com.

lxxvi**I'm Sticking With My Brand: Loyal Customers Perceive Competitor Ads Differently**. (2008). Rockville, MD.: *Science Daily*. Información consultada el 28 de diciembre de 2011, de http://www.sciencedaily.com/.

lxxvii Mario Vargas Llosa. (2012). **La civilización del espectáculo**. México, D.F.: *Editorial Alfaguara*, pág.33.

lxxviii**Para el cerebro ir de compras es como el sexo**. (2010). Minnesota, EEUU.: *Pijamasurf*. Consultado el 29 de diciembre de 2010, de http://pijamasurf.com/.

lxxix**Consumismo: ¿Realmente necesitamos tantas porquerías?** (2008). México, Latinoamérica.: *La Tribuna de Ensenada*. Información consultada el 11 de enero de 2011, de http://latribunadeensenada.com/?p=518.

lxxx Lorena Cuéllar Cisneros. (2008). **Si quieres empobrecer compra lo que no has de menester**. México, Latinoamérica.: *Ayuntamiento de Tlaxcala*. Información consultada el 11 de enero de 2011, de www.municipiotlaxcala.gob.mx/.

lxxxi Heison Moreno. (2008). **Consumismo: la enfermedad número uno en nuestra sociedad**. Venezuela, Latinoamérica.: *Radio Mundial*. Información consultada el 11 de enero de 2011, de http://www.radiomundial.com.ve/yvke/noticia.php?7428.

lxxxii**Psicología del Consumismo**. (2011). España, Unión Europea.: *Revista Equis*. Consultado el 24 de enero de 2011, de http://www.equismagazine.es/?p=3117. Léase, además: Heison Moreno. (2008). **Consumismo: la enfermedad número uno en nuestra sociedad**. Venezuela, Latinoamérica.: *Radio Mundial*. Información consultada el 11 de enero de 2011, de http://www.radiomundial.com.ve/yvke/noticia.php?7428.

lxxxiii Heison Moreno. (2008). **Consumismo: la enfermedad número uno en nuestra sociedad**. Venezuela, Latinoamérica.: *Radio Mundial*. Información consultada el 11 de enero de 2011, de http://www.radiomundial.com.ve/yvke/noticia.php?7428.

lxxxiv**Consumismo: ¿Realmente necesitamos tantas porquerías?** (2008). México, Latinoamérica.: *La Tribuna de Ensenada*. Información consultada el 11 de enero de 2011, de http://latribunadeensenada.com/?p=518.

lxxxv**Dopamina, impulsividad y adicción**. (2007). España, Unión Europea.: *Revista Eroski Consumer*. Información consultada el 15 de enero de 2011, de http://www.consumer.es/.

lxxxvi**Consumismo no significa felicidad**. (2004, 9 de enero). *British Broadcasting Corporation (BBC)*. Londres, Reino Unido. Recuperado el 30 de diciembre de 2007, de http://news.bbc.co.uk/hi/spanish/news/.

lxxxvii**Una sociedad que gesta violencia contra la mujer**. (2011). Nicaragua, Latinoamérica.: *El Nuevo Diario*. Información consultada el 11 de febrero de 2011, de http://www.elnuevodiario.com.ni/.

lxxxviii**Consumismo no significa felicidad**. (2004, 9 de enero). *British Broadcasting Corporation (BBC)*. Londres, Reino Unido. Recuperado el 30 de diciembre de 2007, de http://news.bbc.co.uk/hi/spanish/news/.

lxxxix Carmen Dolores Hernández. **La cultura del despilfarro**. (2008, 24 de mayo). *El Nuevo Día*. Guaynabo, Puerto Rico. [Versión electrónica].

xc Edmundo Vera Manzo. (2011). **El buen vivir, el consumismo y el sicariato en Ecuador**. Ecuador, Latinoamérica.: *El Telégrafo*. Información consultada el 11 de marzo de 2011, de http://www.eltelegrafo.com.ec/.

xciVéanse las expresiones de Benedicto XVI, según citadas en: **El Papa ataca el consumo popular**. (2008, 17 de julio). *British Broadcasting Corporation (BBC)*. Londres, Reino Unido. Recuperado el 30 de diciembre de 2008, de http://news.bbc.co.uk/.

xciiHeison Moreno. (2008). **Consumismo: la enfermedad número uno en nuestra sociedad**. Venezuela, Latinoamérica.: *Radio Mundial*. Información consultada el 11 de enero de 2011, de http://www.radiomundial.com.ve/yvke/noticia.php?7428.

xciiiMarcia Facundo. **Acusan a fábrica por trabajo infantil**. (2008, 11 de septiembre). *British Broadcasting Corporation (BBC)*. Londres, Reino Unido. Recuperado el 30 de diciembre de 2008, de http://news.bbc.co.uk/; **OIT: más niños hacen trabajos peligrosos**. (2010, mayo). Londres, Reino Unido.: *British Broadcasting Corporation (BBC)*. Recuperado el 30 de diciembre de 2010, de http://news.bbc.co.uk/; Patricia Mercado. **México: el reto del trabajo infantil**. (2008). Londres, Reino Unido.: *British Broadcasting Corporation (BBC)*. Recuperado el 30 de diciembre de 2009, de http://news.bbc.co.uk/; **Trabajo infantil en prendas de Gap**. (2007). Londres, Reino Unido.: *British Broadcasting Corporation (BBC)*. Recuperado el 30 de diciembre de 2009, de http://news.bbc.co.uk/; Michael Bristow. **Empresa china admite trabajo infantil**. (2007). Londres, Reino Unido.: *British Broadcasting Corporation (BBC)*. Recuperado el 30 de diciembre de 2009, de http://news.bbc.co.uk/hi/spanish/news/.

xciv**Documental destapa explotación infantil en EEUU**. (2010, julio). Guaynabo, Puerto Rico.: *Primera Hora*. [Versión electrónica]. Léase, además: Mariana Martínez. **Niños del olvido**. (2005). Londres, Reino Unido.: *British Broadcasting Corporation (BBC)*. Recuperado el 30 de diciembre de 2009, de http://news.bbc.co.uk/hi/spanish/news/; Marcia Facundo. **Acusan a fábrica por trabajo infantil**. (2008, 11 de septiembre). *British Broadcasting Corporation (BBC)*. Londres, Reino Unido. Recuperado el 30 de diciembre de 2008, de http://news.bbc.co.uk/hi/spanish/news/.

xcv**Documental destapa explotación infantil en EEUU**. (2010, julio). Guaynabo, Puerto Rico.: *Primera Hora*. [Versión electrónica].

xcviMarcia Facundo. **Acusan a fábrica por trabajo infantil**. (2008, 11 de septiembre). *British Broadcasting Corporation (BBC)*. Londres, Reino Unido. Recuperado el 30 de diciembre de 2008, de http://news.bbc.co.uk/hi/spanish/news/.

xcviiClare Matheson. **La pesada carga de los niños mineros**. (2005). Londres, Reino Unido.: *British Broadcasting Corporation (BBC)*. Recuperado el 30 de diciembre de 2009, de http://news.bbc.co.uk/hi/spanish/news/.

xcviiiAna Oramas. **Empresas sin escrúpulos**. (2013). Madrid, España.: *El Huffington Post*. Información consultada el 30 de junio de 2013, de http://www.huffingtonpost.es/.

xcix**Pesquisa legislativa al uso de esclavos**. (2006). Guaynabo, Puerto Rico.: *El Nuevo Día*. Recuperado el 30 de noviembre de 2006, de http://www.adendi.com/.

c**Prácticas de Consumo Inteligente**. (2010). Bogotá, Colombia.: *Estudio Minimal*. Información consultada el 11 de enero de 2011, de http://www.estudiominimal.com/.

ciBryan W. Husted. (2007). **Liderazgo para la sostenibilidad**. Madrid, España.: *Revista Ideas Empresariales*. Información consultada el 11 de enero de 2011, de http://ideas.ie.edu/.

ciiIñigo Sáenz de Ugarte. (2013). **La maldición de Bangladesh empieza en las tiendas de Europa y EEUU**. España, Unión Europea.: *El Diario*. Información consultada el 30 de junio de 2013, de http://www.eldiario.es/.

ciii**La contaminación provoca una espesa niebla que sume a Pekín en el caos**. (2007). Madrid, España.: *Belt Ibérica S.A*. Información consultada el 28 de junio de 2008, de http://www.belt.es/.

civ**Apple se defiende ante acusaciones de contaminación en China**. (2011). Londres, Reino Unido.: *British Broadcasting Corporation (BBC)*. Recuperado el 30 de diciembre de 2011, de http://news.bbc.co.uk/hi/spanish/news/.

cvÁngel Cintrón Opio. **La falsa felicidad**. (2006, 29 de diciembre). Guaynabo, Puerto Rico.: *El Nuevo Día*. Recuperado el 31 de diciembre de 2006, de http://www.adendi.com/.

cvi**Una niebla tóxica ahoga a Pekín**. (2013). Londres, Reino Unido.: *British Broadcasting Corporation (BBC)*. Recuperado el 30 de junio de 2013, de http://news.bbc.co.uk/; **Apple se defiende ante acusaciones de contaminación en China**. (2011). Londres, Reino Unido.: *British Broadcasting Corporation (BBC)*. Recuperado el 30 de diciembre de 2011, de http://news.bbc.co.uk/; **La contaminación provoca una espesa niebla que sume a Pekín en el caos**. (2007). Madrid, España.: *Belt Ibérica S.A.* Información consultada el 28 de junio de 2008, de http://www.belt.es/.

cviiMichael Snyder. (2010). **Black Friday Violence: What Will Americans Do When They Are Really Desperate?** *Daily Markets*. Información consultada el 11 de enero de 2011, de http://www.dailymarkets.com/; **Woman arrested for gun threat in shopping line, police say**. (2010). Madison, WI.: *Wisconsin State Journal*. Información consultada el 23 de enero de 2011, de http://host.madison.com/; Maribel Hernández Pérez. **Cristales rotos y gente desmayada en las ventas de Walmart de Mayagüez**. (2009, noviembre). Guaynabo, Puerto Rico.: *Primera Hora*. [Versión electrónica].

cviii**Entérate: ¿qué es el Viernes Negro?** (2010). México City, México.: *El Universal*. Recuperado el 20 de diciembre de 2010, de http://www.eluniversal.com.mx/noticias.html.

cixRebeca Logan. (2008). **"Viernes Negro" no tan negro**. Londres, Reino Unido.: *British Broadcasting Corporation (BBC)*. Recuperado el 30 de diciembre de 2010, de http://news.bbc.co.uk/hi/spanish/news/; **Empleado de Wal-Mart muere en estampida de clientes en Viernes Negro**. (2008, 28 de noviembre). *Primera Hora*. Guaynabo, Puerto Rico. [Versión electrónica].

cxMario Diament. (2008). **Muerte y consumo en el Viernes Negro**. Santiago, Chile.: *Empresa Periodística La Nación*. Información consultada el 30 de diciembre de 2010, de http://www.lanacion.cl/.

cxi**Pelea entre clientes por el viernes negro en Wal-Mart de Sanford**. (2009). Orlando, Florida.: *Hola Ciudad*. Información consultada el 14 de febrero de 2011, de http://orlando.holaciudad.com/.

cxii**Woman arrested for gun threat in shopping line, police say**. (2010). Madison, WI.: *Wisconsin State Journal*. Información consultada el 23 de enero de 2011, de http://host.madison.com/.

cxiiiEdmundo Vera Manzo. (2011). **El buen vivir, el consumismo y el sicariato en Ecuador**. Ecuador, Latinoamérica.: *El Telégrafo*. Información consultada el 11 de marzo de 2011, de http://www.eltelegrafo.com.ec/.

cxivCarmen Dolores Hernández. **La cultura del despilfarro**. (2008, 24 de mayo). *El Nuevo Día*. Guaynabo, Puerto Rico. [Versión electrónica].

cxv**Prácticas de Consumo Inteligente**. (2010). Bogotá, Colombia.: *Estudio Minimal*. Información consultada el 11 de enero de 2011, de http://www.estudiominimal.com/.

cxvi**El consumismo, aliado de los medios y enemigo del ambiente**. (2010). Colombia, Latinoamérica.: *El Universal*. Información consultada el 11 de enero de 2011, de http://www.eluniversal.com.co/.

cxviiEl consumismo, aliado de los medios y enemigo del ambiente. (2010). Colombia, Latinoamérica.: *El Universal.* Información consultada el 11 de enero de 2011, de http://www.eluniversal.com.co/.

cxviiiEdmundo Vera Manzo. (2011). El buen vivir, el consumismo y el sicariato en Ecuador. Ecuador, Latinoamérica.: *El Telégrafo.* Información consultada el 11 de marzo de 2011, de http://www.eltelegrafo.com.ec/.

cxixObsolescencia de los productos fabricados. (2011). Barcelona, España.: *La Vanguardia.* Recuperado el 31 de diciembre de 2011, de http://www.lavanguardia.es/. Léase, además: Obsolescencia Programada: Comprar, tirar, comprar. (2011). España, Unión Europea.: *Metiendo Ruido.* Información consultada el 14 de febrero de 2011, de http://metiendoruido.com/?p=5990.

cxxObsolescencia de los productos fabricados. (2011). Barcelona, España.: *La Vanguardia.* Recuperado el 31 de diciembre de 2011, de http://www.lavanguardia.es/. Léase, además: Obsolescencia Programada: Comprar, tirar, comprar. (2011). España, Unión Europea.: *Metiendo Ruido.* Información consultada el 14 de febrero de 2011, de http://metiendoruido.com/?p=5990.

cxxiEduardo Galeano. (2007). El imperio del consumo. España, Unión Europea.: *Ecoportal.* Información consultada el 11 de enero de 2011, de http://www.ecoportal.net/.

cxxiiÁngel Cintrón Opio. La falsa felicidad. (2006, 29 de diciembre). Guaynabo, Puerto Rico.: *El Nuevo Día.* Recuperado el 31 de diciembre de 2006, de http://www.adendi.com/.

cxxiiiHeison Moreno. (2008). Consumismo: la enfermedad número uno en nuestra sociedad. Venezuela, Latinoamérica.: *Radio Mundial.* Información consultada el 11 de enero de 2011, de http://www.radiomundial.com.ve/yvke/noticia.php?7428.

cxxivPublicidad Engañosa. (2011). Argentina, Latinoamérica.: *Poder del Consumidor.* Consultado el 11 de febrero de 2011, de http://www.poderdelconsumidor.com.ar/.

cxxvSancionan a universidad en Chile por publicidad engañosa. (2010). Reino Unido, Unión Europea.: *Consumers International.* Información consultada el 11 de enero de 2011, de http://es.consumersinternational.org/; Daco multa a Westernbank: la sanción sobrepasa los $20,000 por publicar anuncios engañosos. (2008, 11 de marzo). *El Nuevo Día.* Guaynabo, Puerto Rico. [Versión electrónica]; Anuncio engañoso en sector financiero. (2005, 22 de diciembre). Guaynabo, Puerto Rico.: *El Nuevo Día.* Recuperado el 22 de diciembre de 2005, de http://www.endi.com/; Ninoska Leiva. (2011). Universidades acumulan más de dos mil reclamos por publicidad engañosa. Chile, Latinoamérica.: *Radio Universidad de Chile.* Información consultada el 12 de febrero de 2011, de http://radio.uchile.cl/noticias/97549/.

cxxviDaco multa a Westernbank: la sanción sobrepasa los $20,000 por publicar anuncios engañosos. (2008, 11 de marzo). *El Nuevo Día.* Guaynabo, Puerto Rico. [Versión electrónica].

cxxviiAnuncio engañoso en sector financiero. (2005, 22 de diciembre). Guaynabo, Puerto Rico.: *El Nuevo Día.* Recuperado el 22 de diciembre de 2005, de http://www.endi.com/.

cxxviiiLorena Cuéllar Cisneros. (2008). Si quieres empobrecer compra lo que no has de menester. México, Latinoamérica.: *Ayuntamiento de Tlaxcala.* Información consultada el 11 de enero de 2011, de www.municipiotlaxcala.gob.mx/. Léase, además: Publicidad Engañosa. (2011). Argentina, Latinoamérica.: *Poder del Consumidor.* Información consultada el 11 de febrero de 2011, de http://www.poderdelconsumidor.com.ar/.

[cxxix]**La crisis es resultado del modo egoísta de vivir, afirma presidente de Asamblea General.** (2009, 24 de junio). Nueva York, EEUU.: *Organización de las Naciones Unidas.* Información consultada el 28 de diciembre de 2009, de http://www.un.org/es/.

[cxxx]Bryan W. Husted. (2007). **Liderazgo para la sostenibilidad.** Madrid, España.: *Revista Ideas Empresariales.* Información consultada el 11 de enero de 2011, de http://ideas.ie.edu/.

[cxxxi]Bryan W. Husted. (2007). **Liderazgo para la sostenibilidad.** Madrid, España.: *Revista Ideas Empresariales.* Información consultada el 11 de enero de 2011, de http://ideas.ie.edu/.

[cxxxii]Lorena Cuéllar Cisneros. (2008). **Si quieres empobrecer compra lo que no has de menester.** México, Latinoamérica.: *Ayuntamiento de Tlaxcala.* Información consultada el 11 de enero de 2011, de www.municipiotlaxcala.gob.mx/.

[cxxxiii]Passariello, C. (2013). **Hecho en Bangladesh: desde Armani hasta Zara.** Nueva York, EEUU.: *The Wall Street Journal.* Información consultada el 30 de julio de 2013, de http://online.wsj.com/public/page/espanol-inicio.html.

[cxxxiv]**Irak subasta su petróleo.** (2009, diciembre). Londres, Reino Unido.: *British Broadcasting Corporation (BBC).* Recuperado el 30 de diciembre de 2009, de http://news.bbc.co.uk/hi/spanish/news/; **China perfora primero en Irak.** (2009, septiembre). Londres, Reino Unido.: *British Broadcasting Corporation (BBC).* Recuperado el 30 de diciembre de 2009, de http://news.bbc.co.uk/hi/spanish/news/; Ángel Collado Schwarz. **La irresponsable guerra de Irak.** (2008, 31 de julio). *El Nuevo Día.* Guaynabo, Puerto Rico. [Versión electrónica]; **Estudio: Gobierno de Bush usó pretextos falsos para invadir Irak.** (2008, 23 de enero). *Noticias Telemundo Yahoo.* Florida, EE.UU. Consultado el 3 de abril de 2009, de http://noticias.telemundo.yahoo.com/.

[cxxxv]Carlos Miguélez Monroy. **El consumo nos consume.** (2011). Barcelona, España.: *La Vanguardia.* Recuperado el 30 de diciembre de 2011, de http://www.lavanguardia.es/.

[cxxxvi]Pérez, J. J. (2005, 4 de diciembre). **Consumo contradice quejas de crisis.** Guaynabo, Puerto Rico. *El Nuevo Día.* Recuperado el 4 de diciembre de 2005, de http://www.endi.com/; **Puertorriqueños consumen mucho más de lo que ganan.** (2005, 11 de diciembre). Guaynabo, Puerto Rico. *El Nuevo Día.* Recuperado el 11 de diciembre de 2005, de http://www.endi.com/; Marian Díaz. **Sin freno el alza en ventas pese a crisis fiscal.** (2006, 14 de marzo). Guaynabo, Puerto Rico. *El Nuevo Día.* Recuperado el 14 de marzo de 2006, de http://www.endi.com/; Sandra Caquías Cruz. **Avalancha en tiendas del Sur.** (2006, 25 de noviembre). Guaynabo, Puerto Rico. *El Nuevo Día.* Recuperado el 30 de noviembre de 2006, de http://www.adendi.com/; Raúl A. Carrillo. (2010). **Living in a Material World.** Cambridge, MA.: *Harvard University, The Harvard Crimson.* Información consultada el 31 de diciembre de 2010, de http://www.thecrimson.com/.

[cxxxvii]**El consumo y la economía.** (2011). España, Unión Europea.: *Confederación de Asociaciones de Vecinos del Estado Español.* Información consultada el 11 de marzo de 2011, de http://www.eurosur.org/CONSUVEC/contenidos/economia/consu_eco.htm.

[cxxxviii]**La crisis del consumismo de EU.** (2009). México, Latinoamérica.: *CNN México.* Información consultada el 27 de diciembre de 2010, de http://mexico.cnn.com/; **El consumo y la economía.** (2011). España, Unión Europea.: *Confederación de Asociaciones de Vecinos del Estado Español.* Información consultada el 11 de marzo de 2011, de http://www.eurosur.org/CONSUVEC/contenidos/economia/consu_eco.htm.

[cxxxix]**La crisis del consumismo de EU.** (2009). México, Latinoamérica.: *CNN México.* Información consultada el 27 de diciembre de 2010, de http://mexico.cnn.com/.

cxlCarmen Dolores Hernández. **La cultura del despilfarro**. (2008, 24 de mayo). *El Nuevo Día*. Guaynabo, Puerto Rico. [Versión electrónica].

cxliConsumismo no significa felicidad. (2004, 9 de enero). *British Broadcasting Corporation (BBC)*. Londres, Reino Unido. Recuperado el 30 de diciembre de 2007, de http://news.bbc.co.uk/hi/spanish/news/.

cxliiEdmundo Vera Manzo. (2011). **El buen vivir, el consumismo y el sicariato en Ecuador**. Ecuador, Latinoamérica.: *El Telégrafo*. Información consultada el 11 de marzo de 2011, de http://www.eltelegrafo.com.ec/.

cxliiiThomas Jefferson. (2011). España, Unión Europea.: *Proverbia*. Recuperado el 18 de enero de 2011, de http://www.proverbia.net/.

cxlivCarmen Dolores Hernández. **La cultura del despilfarro**. (2008, 24 de mayo). *El Nuevo Día*. Guaynabo, Puerto Rico. [Versión electrónica]; Pedro Miguel Lamet. (2010). **Ser o tener**. Nicaragua, Latinoamérica.: *El Nuevo Diario*. Información consultada el 23 de junio de 2013, de http://www.elnuevodiario.com.ni/opinion/73915.

cxlvColón, J. (2005, 27 de noviembre). **Ajeno el exceso de compras a la Navidad**. Guaynabo, Puerto Rico.: *El Nuevo Día*. Recuperado el 27 de noviembre de 2005, de http://www.endi.com/.

cxlviWilliam Cano. (2010). **El 60% del consumismo es parte de la enseñanza en la familia**. España, Unión Europea.: *Acanoticias*. Información consultada el 23 de enero de 2011, de http://acanoticias.org/es/.

cxlviiLamet, M.L. (2010). **Ser o tener**. Nicaragua, Latinoamérica.: *El Nuevo Diario*. Consultada el 23 de junio de 2013, de http://www.elnuevodiario.com.ni/opinion/73915.

cxlviiiPérez, J. J. (2005, 27 de noviembre). **Consumidores con otras alternativas de compras**. Guaynabo, Puerto Rico.: *El Nuevo Día*. Recuperado el 27 de noviembre de 2005, de http://www.endi.com/.

cxlixSociedad Española de Medicina y Cirugía Cosmética. (2010). **Adolescentes en busca de un cuerpo 10**. España, Unión Europea. Información consultada el 11 de enero de 2011, de http://www.med-estetica.com/; Ileana Delgado Castro. **Belleza de bisturí**. (2006, 28 de mayo). Guaynabo, Puerto Rico.: *El Nuevo Día*. Recuperado el 28 de mayo de 2006, de http://www.endi.com/; **Las adolescentes recurren cada vez más a la cirugía estética**. (2001). Buenos Aires, Argentina.: *Clarín*. Recuperado el 18 de diciembre de 2010, de http://www.clarin.com/.

clSociedad Española de Medicina y Cirugía Cosmética. (2010). **Adolescentes en busca de un cuerpo 10**. España, Unión Europea. Información consultada el 11 de enero de 2011, de http://www.med-estetica.com/.

cliGeorgina Alfonso González. (2009) **¿Consumo consciente o consumismo?** Habana, Cuba.: *Cuba-L Direct*. Información consultada el 11 de enero de 2011, de http://cuba-l.unm.edu/?nid=74133.

cliiRicardo Natalichio. (2011). **La cultura del consumo, la cultura de la autodestrucción**. Manta, Ecuador.: *El Mercurio Manta*. Información consultada el 11 de febrero de 2011, de http://www.mercuriomanta.com/.

cliiiConsumismo no significa felicidad. (2004, 9 de enero). *British Broadcasting Corporation (BBC)*. Londres, Reino Unido. Recuperado el 30 de diciembre de 2007, de http://news.bbc.co.uk/hi/spanish/news/.

cliv Ricardo Natalichio. (2011). **La cultura del consumo, la cultura de la autodestrucción**. Manta, Ecuador.: *El Mercurio Manta*. Información consultada el 11 de febrero de 2011, de http://www.mercuriomanta.com/.

clv **La web, un reflejo de la humanidad**. (2010, marzo). Londres, Reino Unido.: *British Broadcasting Corporation (BBC)*. Recuperado el 30 de diciembre de 2010, de http://news.bbc.co.uk/hi/spanish/news/.

clvi **Analizan impacto de la Web en la democracia**. (2009, noviembre). Guaynabo, Puerto Rico.: *El Nuevo Día*. Recuperado el 30 de diciembre de 2009, de http://www.elnuevodia.com/. Léase, además: Mario Vargas Llosa. (2011). **La libertad y los árabes**. Guaynabo, Puerto Rico.: *El Nuevo Día*. Recuperado el 30 de diciembre de 2011, de http://www.elnuevodia.com/; **Facebook e Internet desataron la revolución de los jóvenes en Egipto**. (2011). Buenos Aires, Argentina.: *Clarín*. Recuperado el 18 de diciembre de 2011, de http://www.clarin.com/.

clvii **Un ciclista que recibió una oferta por Internet destapó la trama de dopaje**. (2011). Madrid, España.: *Diario ABC*. Recuperado el 31 de diciembre de 2011, de http://www.abc.es/.

clviii **El precio y la comodidad motivan la compra de moda en Internet**. (2011). España, Unión Europea.: *Ondacero*. Información consultada el 12 de marzo de 2011, de http://www.ondacero.es/; Navarro, J. (2011). **Uno de cada cinco españoles compra por Internet**. España, Unión Europea.: *Emprendemania*. Información consultada el 20 de febrero de 2011, de http://www.emprendemania.com/; **En el "Ciber lunes", Amazon vendió 13,7 millones de ítems**. (2010). Buenos Aires, Argentina.: *Clarín*. Recuperado el 31 de diciembre de 2010, de http://www.clarin.com/; **Ciberlunes reaviva fiebre consumista en EU**. (2010). México City, México.: *El Universal*. Recuperado el 20 de diciembre de 2010, de http://www.eluniversal.com.mx/noticias.html; **EE.UU.: máximo histórico de ventas en "Ciberlunes"**. (2010). Londres, Reino Unido.: *British Broadcasting Corporation (BBC)*. Recuperado el 30 de diciembre de 2010, de http://news.bbc.co.uk/hi/spanish/news/.

clix **Facebook e Internet desataron la revolución de los jóvenes en Egipto**. (2010). Buenos Aires, Argentina.: *Clarín*. Recuperado el 18 de diciembre de 2010, de http://www.clarin.com/. Léase, además: Rebeca Logan. (2008). **Llegó el ciberlunes... y sin empujones**. Londres, Reino Unido.: *British Broadcasting Corporation (BBC)*. Recuperado el 30 de diciembre de 2010, de http://news.bbc.co.uk/hi/spanish/news/.

clx **EE.UU.: máximo histórico de ventas en "Ciberlunes"**. (2010). Londres, Reino Unido.: *British Broadcasting Corporation (BBC)*. Recuperado el 30 de diciembre de 2010, de http://news.bbc.co.uk/hi/spanish/news/.

clxi Navarro, J. (2011). **Uno de cada cinco españoles compra por Internet**. España, Unión Europea.: *Emprendemania*. Información consultada el 20 de febrero de 2011, de http://www.emprendemania.com/.

clxii **El precio y la comodidad motivan la compra de moda en Internet**. (2011). España, Unión Europea.: *Ondacero*. Información consultada el 12 de marzo de 2011, de http://www.ondacero.es/.

clxiii **El negocio detrás de la fe**. (2005). Panamá, Latinoamérica.: *La Prensa*. Información consultada el 11 de enero de 2007, de http://mensual.prensa.com/.

clxiv Natalia Vélez Lopera. (2007). **El IVA es para Dios**. Medellín, Colombia.: *El Mundo*. Información consultada el 11 de enero de 2011, de http://www.elmundo.com/.

Ismael Leandry Vega **173**

clxvLa fe también mueve negocios. (2006). Bogotá, Colombia.: *El Tiempo*. Información consultada el 11 de enero de 2011, de http://www.eltiempo.com/; El negocio detrás de la fe. (2005). Panamá, Latinoamérica.: *La Prensa*. Información consultada el 11 de enero de 2007, de http://mensual.prensa.com/.

clxviAmary Santiago Torres. (2013). Silverio Pérez caminará en un viaje espiritual. Guaynabo, Puerto Rico.: *Primera Hora*. [Versión electrónica]; Matthew Brunwasser. El regreso de los dioses del Olimpo. (2013). Londres, Reino Unido.: *British Broadcasting Corporation (BBC)*. Recuperado el 30 de julio de 2013, de http://news.bbc.co.uk/.

clxviiRodríguez, J. (2005, 26 de octubre). Por desconocimiento y jurisdicción: cuesta arriba frenar a las "falsas universidades". Ponce, Puerto Rico.: *La Perla del Sur*. Recuperado el 26 de octubre de 2005, de http://www.periodicolaperla.com/; Rodríguez, J. (2005, 26 de octubre). No todo es ilegítimo en la Viña del Internet. Ponce, Puerto Rico.: *La Perla del Sur*. Recuperado el 26 de octubre de 2005, de http://www.periodicolaperla.com/; Washington State Department of Health. (2009, 28 de mayo). Diploma mill: phony degrees lead to charges for three health care providers. Olympia, Washington. Información consultada el 30 de julio de 2009, de http://www.doh.wa.gov/Publicat/2009_news/09-094.htm.

clxviiiRodríguez, J. (2005, 26 de octubre). Alcanza a la Isla la venta de diplomas universitarios. Ponce, Puerto Rico.: *La Perla del Sur*. Recuperado el 26 de octubre de 2005, de http://www.periodicolaperla.com/.

clxixCorrections officer is indicted for false report. (2008). Nueva Jersey, EEUU.: *New Jersey On-Line LLC*. Información consultada el 28 de diciembre de 2008, de http://www.nj.com/; Fake Doctor with "Cancer Cure" Arrested for Fraud. (2009, 25 de septiembre). Los Ángeles, California.: *KTLA-TV*. Información consultada el 1 de octubre de 2009, de http://www.ktla.com/news/landing/ktla-fake-cancer-doctor-arrested,0,1856216.story; Buckley, C. (2007, 13 de octubre). 6 City Job Seekers Are Held in Sweep of Fake Degrees. *The New York Times*. New York, NY. Recuperado el 13 de octubre de 2007, de http://www.nytimes.com/; David Seifman. (2007, 11 de septiembre). Fake college bravest fined. *New York Post*. New York, EE.UU. Recuperado el 11 de septiembre de 2007, de http://www.nypost.com/; Bartlett, T. (2004). Tulane Fires Instructor With Diploma-Mill Doctorate. Washington, D.C.: *The Chronicle of Higher Education*. Información consultada el 30 de junio de 2009, de http://chronicle.com/; Suggs, W. (2004, 30 de julio). U. of Louisiana at Lafayette Fires Coach Over Diploma-Mill Degrees. (2009). Washington, D.C.: *The Chronicle of Higher Education*. Información consultada el 30 de junio de 2009, de http://chronicle.com/.

clxxCésar Figueroa. (2011). Fenómeno del consumismo. Argentina, Latinoamérica.: *Diario de Cuyo*. Información consultada el 14 de febrero de 2011, de http://www.diariodecuyo.com.ar/.

clxxiEl placer, la extroversión y el consumismo en la postmodernidad (hedonismo). (2011). México, Latinoamérica.: *Psicopsi*. Información consultada el 11 de febrero de 2011, de http://psicopsi.com/.

clxxiiJulio Fontanet. Con UU tampoco hay paraíso. (2007, 5 de octubre). Guaynabo, Puerto Rico.: *El Nuevo Día*. [Versión electrónica].

clxxiiiPsicología del Consumismo. (2011). España, Unión Europea.: *Revista Equis*. Información consultada el 24 de enero de 2011, de http://www.equismagazine.es/.

clxxivConsumerism Boosts Teen Mental Health Problems: Study. (2009). Scottsdale, AZ.: *EpowHer*. Información consultada el 14 de febrero de 2010, de http://www.empowher.com/; Study: Consumerism Making Children Miserable.

(2008). Edmond, OK.: *The Trumpet*. Información consultada el 11 de enero de 2011, de http://www.thetrumpet.com/.

clxxvWilliam Cano. (2010). **El 60% del consumismo es parte de la enseñanza en la familia**. España, Unión Europea.: *Acanoticias*. Información consultada el 23 de enero de 2011, de http://acanoticias.org/es/.

clxxviEdmundo Vera Manzo. (2011). **El buen vivir, el consumismo y el sicariato en Ecuador**. Ecuador, Latinoamérica.: *El Telégrafo*. Información consultada el 11 de marzo de 2011, de http://www.eltelegrafo.com.ec/.

clxxviiManuel Torres Márquez. **La última la paga el diablo.** (2007, 19 de enero). Guaynabo, Puerto Rico.: *El Nuevo Día*. Recuperado el 31 de enero de 2007, de http://www.adendi.com/.

clxxviiiCarmen Arroyo Colón. **Actitud escapista del puertorriqueño.** (2006, 19 de noviembre). Guaynabo, Puerto Rico. *El Nuevo Día*. Recuperado el 30 de noviembre de 2006, de http://www.adendi.com/. Léase, además: **Study: Consumerism Making Children Miserable**. (2008). Edmond, OK.: *The Trumpet*. Información consultada el 11 de enero de 2011, de http://www.thetrumpet.com/.

clxxix**El placer, la extroversión y el consumismo en la postmodernidad (hedonismo)**. (2011). México, Latinoamérica.: *Psicopsi*. Información consultada el 11 de febrero de 2011, de http://psicopsi.com/.

clxxx**El placer, la extroversión y el consumismo en la postmodernidad (hedonismo)**. (2011). México, Latinoamérica.: *Psicopsi*. Información consultada el 11 de febrero de 2011, de http://psicopsi.com/.

clxxxiValdemar de Icaza. **Consumo de ricos, ¿consuelo de pobres?** (1997). México, Latinoamérica.: *CNN México*. Información consultada el 27 de diciembre de 2010, de http://mexico.cnn.com/.

clxxxii**El Vaticano ruega por un turismo verde.** (2008). México, Latinoamérica.: *CNN México*. Información consultada el 27 de diciembre de 2010, de http://mexico.cnn.com/.

clxxxiiiEdmundo Vera Manzo. (2011). **El buen vivir, el consumismo y el sicariato en Ecuador**. Ecuador, Latinoamérica.: *El Telégrafo*. Información consultada el 11 de marzo de 2011, de http://www.eltelegrafo.com.ec/.

clxxxivEduardo Galeano. (2007). **El imperio del consumo**. España, Unión Europea.: *Ecoportal*. Información consultada el 11 de enero de 2011, de http://www.ecoportal.net/.

clxxxvValdemar de Icaza. (1997). **Consumo de ricos, ¿consuelo de pobres?** México, Latinoamérica.: *CNN México*. Información consultada el 27 de diciembre de 2010, de http://mexico.cnn.com/.

clxxxvi**El Vaticano ruega por un turismo verde**. (2008). México, Latinoamérica.: *CNN México*. Información consultada el 27 de diciembre de 2010, de http://mexico.cnn.com/.